JN412489

다운증후군! 무엇이든 물어보세요

다운증후군 아동의 치료교육 상담

다운증후군! 무엇이든 물어보세요

다운증후군 아동의 치료교육 상담

이이누마 가즈소오(飯沼和三) 지음

김용한·강미라 옮김

저자의 한국어판 서문

한국의 독자 여러분들에게!

먼저 저의 저서가 한국에서 번역 출판된다는 것에 대해 기쁘게 생각합니다.

그동안 다운증후군을 가진 사람들을 치료하고 교육하는 일에 종사하면서 자녀의 행복을 염원하는 부모들로부터 많은 질문을 받아왔습니다. 그 질문 하나 하나가 부모의 애정과 절실한 심정에서 비롯되었기에 강한 인상을 받아 왔는데, 그 중에서도 비교적 공통적으로 궁금해 하고 있는 질문들을 모아 선별하고, 그에 대해 답변을 한 것이 본서의 내용입니다.

본서가 한국의 다운증후군 자녀를 가진 많은 부모들과 치료교육 분야 관계자 분들에게 조금이나마 도움이 되었으면 하는 바람입니다.

끝으로 본서를 번역해 주신 김용한 선생님과 강미라 교수님께 깊은 감사를 드립니다.

2009년 11월 9일

이이누마 가즈소오

역자 서문

본서의 저자 이이누마 가즈소오(飯沼和三) 원장은 일본 다운증후군 아동의 치료교육 분야에서 최고 권위자 중 한 사람이다. 1991년 12월 일본다운증후군 부모회에서 주관한 세미나에서 "다운증후군은 병이 아니라 하나의 체질이다."고 한 이이누마 원장의 말이 아직도 귀에 생생하다. 다운증후군은 심한 지적장애가 있으므로 특수학교로 가야 한다는 한국의 실정에서는 정말 신선한 충격이었다.

또한 가즈소오 원장은 국립소아의료센터의 기형연구 실장과 미국 다운증후군연구회(DSMIG)의 회원으로 활동하다가 다운증후군 아동의 진료와 부모 상담에 전력하기 위해 사설기관인 〈아이사랑(愛兒) 클리닉〉을 세웠다.

1999년 여름 우리나라 다운증후군 부모회인 '다운회(多運會)'에서 가즈소오 원장을 초청하여 1주일간 전국 순회 강연회를 가진 바 있다. 특히 지방의 부모들은 자녀의 치료교육에 관한 정보를 정확히 얻을 수 없었기에 강연회가 끝난 후에도 많은 질문을 하였고, 가즈소오 원장은 오랜 시간 동안 그 질문에 성실히 답했다.

역자는 오랜 기간 동안 장애아동 치료교육 현장에서 부모들을 상담해 오면서 다운증후군 아동과 가족에 관련된 많은 추억들을 간직하고 있다. 벌써 10여 년 전의 일로 기억되는데 어느 장애인종합복지관의 조기교육실로부터 상담을 의뢰받았다. 예쁜 다운증후군 여자아이였는데 만나는 순간 다운증후군이라는 것을 알았다. 6개월 정도 지났을까, 그 아이의 어머니가 "이가 잘 맞지 않아 말하거나 음식을 씹을 때 힘든 것 같으니, 치아 교정을 잘하는 의사선생님을 소개해 달라."는 부탁을 했다. 평소 알고 지내던 치과 전문의에게 연락을 해서 상담 예약을 잡았고, 한 주가 지난 뒤 그 어머니의 얼굴이 하얗게 질린 듯, "선생님, 의사선생님이 우리 아이가 염색체 이상으로 인한 부정교합이라고 하셔서, 그냥 상담만 받고 나와 버렸어요. 도대체 그게 무슨 말이에요?" 하며 눈물을 글썽이셨다. 역자는 어머니의 질문에 큰 혼란을 겪었다. '그럼, 지금껏 아이의 상태를 모른 채 심장병 수술과 물리치료, 언어치료를 시켰단 말인가? 어느 누구도 '다운증후군'임을 알려주지 않았단 말인가? 어떻게 이런 일이…' 무거운 맘을 애써 누른 채 "의사선생님이 아마도 염색체 손상으로 인한 '다운증후군'이 아닐까 생각하셨나 봐요."라고 말씀드렸다.

조금 늦은 감이 없지 않으나 그 동안 치료교육 현장에서 다운증후군에 대해 구체적으로 알지 못했거나 간과했던 많은 정보들을 본서를 통해 새롭게 재발견하였으면 하는 생각으로 이 책을 번역하였다. 다른 장애보다도 빨리 발견됨에 따라 의료적인 문제와 치료교육 서비스에 대한 궁금증으로 하루도 편할 날이 없는 다운증후군 자녀를 가진 부모들에게 본서가 큰 힘이 되길 소망한다.

본서는 제1부 다운증후군에 대한 기본적인 이해, 제2부 다운증후군과 의료, 제3부 자세와 운동, 제4부 훈련과 체조, 제5부 체질과 질병, 제6부 지능과 언어, 제7부 양육과 발달, 제8부 보육과 교육으로 총 166 항목의 질문에 대해 각 각 답변을 하는 Q&A 방식으로 구성되어 있다.

끝으로 이 한 권의 번역서가 나오기까지 다운증후군 소식지인 'FAX 통신'을 매달 한국으로 보내 주고 본서의 번역을 허락해 준 이이누마 원장의 적극적인 협조와 박학사 구본하 사장과 편집실 김재석 실장의 아낌없는 지원과 노고에 정말 감사를 드린다. 그리고 표지 모델로 흔쾌히 자원해 준 석원이와 창욱이, 무엇보다도 이 친구들을 잘 양육해 오신 부모님들께 깊은 감사와 찬사를 보낸다.

2009년 11월

역자 일동

저자 서문

1996년 3월에 大月서점에서 출판한 책『다운증후군은 병이 아니다』가 다운증후군 자녀를 가진 많은 부모들과 특수교육 관련 종사자들로부터 좋은 반응에 힘입어 일본 전역에서 널리 소개된 것을 기쁘게 생각한다.

그 책에서는 합병증의 '치료'가 매우 중요하다는 것과 '언어' 발달을 위해 어떠한 접근이 필요한지에 대해 두 가지 점에 초점을 두고 기술하고 있다. 그 후 출판사 편집담당자와 이야기를 나눌 때, "현재 다운증후군 아동의 부모들이 가장 절실히 필요로 하는 정보가 무엇입니까?"라는 질문을 받고 여러 가지 생각을 해왔다.

따라서 이 책은 그러한 부모님들의 고민을 들어주기 위해 집필하게 되었다. 필자는 현재 〈아이사랑(愛兒) 클리닉〉이라는 특별 클리닉을 운영하고 있다. 이곳에 방문하는 아동의 대부분은 다운증후군이며, 그 가정과는 팩스를 통해 서로 연락을 주고받고 있다. 그 팩스 통신을 이용하여 수많은 질문을 받고 회답을 해 주는 서비스를 계속 진행하다 보니 다운증후군 아동의 부모들이 어떤 점을 고민하고 있고, 또 무엇을 힘들어 하는지를 알게 되었다.

이 책의 질의응답 내용은 지금까지 이러한 부모들과 주고받았던 질문 내용과 회답을 간추려 항목별로 정리한 것이다. 클리닉 회원의 가족은 일본 열도의 최북단인 홋카이도(北海道)에서부터 열도 남단의 가고

시마(鹿兒島)까지 널리 분포되어 있으며, 실제로 질문하는 내용도 아주 다양하다.

부모들이 크게 걱정하고 고민하던 질문에 대해 성의껏 답변해 드리면 부모들은 자녀양육에 더욱 자신감을 가지게 되는 것 같다. 그런 의미에서 이 책은 다운증후군 부모들에게 매우 유익한 정보가 되리라 생각된다. 물론 여기에 실린 질문만으로 다운증후군에 관련된 의문이 모두 해소될 수는 없을 것이다. 인간의 생활은 실제로 매우 복잡하고 다양하다. 모든 것을 총망라한 것은 아니지만 여러 사례들을 종합해 보면 어떤 보편적인 진리나 교훈들을 얻을 수 있게 될 것이다.

아무쪼록 이 책이 다운증후군 자녀를 양육하고 있는 부모들에게 가장 소중한 것이 무엇인지 깨달을 수 있도록 하는 데 일조를 할 수 있다면 더 바랄 것이 없겠다.

아이사랑(愛兒) 클리닉 원장 이이누마 가즈소오

차 례

제 1 부 다운증후군에 대한 기본적 이해

제 2 부 다운증후군과 의료

제 3 부 자세와 운동기능

제 4 부 훈련과 체조

제 5 부 체질과 질병

제 6 부 지능과 언어

제 7 부 양육과 발달

제8부 보육과 교육

제 1 부

다운증후군에 대한 기본적 이해

다운증후군이 생기는 원인은 무엇입니까?

1

다운증후군은 21번 염색체가 하나 더 많기 때문에 세포의 활동에 다른 점이 있다. 따라서 신체를 형성하는 과정에서 기형을 일으키거나 지능발달이 지체되는 경우가 많다. 이외에도 여러 가지 특징이 있지만 그 결과는 모두 세포핵 내의 21번 염색체 과잉 때문이라고 할 수 있다. 하지만 세포핵의 21번 염색체가 왜 많아지는가에 대해서는 아직까지 결정적인 설명이 없는 실정이다. 그러나 많은 연구자가 공통적으로 인식하고 있는 몇 가지가 있다.

첫째, 산모가 아기를 출산할 때 연령이 많으면 분명히 다운증후군 아기가 태어날 확률이 높다는 것이다. 난자를 형성하는 과정에서 21번 염색체를 난자에 배분하는 기능을 하지 못하는 것으로 추측된다. 구체적으로 어떤 원인에 의해서 배분이 되지 않는가는 아직까지도 분명하지 않지만, 어떤 가설에 의하면 염색체를 끌어당겨서 배분하는 역할을 맡고 있는 방추사라는 단백질이 연령이 높아짐에 따라 잘 분리되지 않아서 염색체의 이상을 일으킨다는 설명이다. 이 타입의 21번 염색체 이상은 세포핵 내에 21번의 염색체가 3개 있기 때문에 **21트리조미(trisomi)**라고 불린다. 다운증후군의 95%는 이 유형이다.

또한 약 5% 정도에 해당하는 **전좌형(轉座型) 염색체**에 의한 다운증후군이 있다. 21번 염색체가 다른 염색체와 결합하고, 그 염색체가 아동에게 전해지며 결합한 과잉의 21번 염색체가 함께 전해져서 실질적으로는 21번 염색체가 3개로 나뉘게 된다. 부모에게는 염색체 이상이 없는데 새로운 난자나 정자가 형성될 때 이 전좌형 염색체가 발생해서 다운증후군이 생겨나는 경우가 있다. 또한 부모 중 어느 한 쪽의 21번 염색체가 다른 염색체와 결합한 전좌형 염색체를 가지고 있지만 다행히도 독립된(결합하고 있지 않은) 21번 염색체가 1개만 존재하고 있어서, 그 결과 실질적으로는 21번 염색체가 2개 존재하고 있는 것(정상 상태)이 발견된 적도 있다. 이러한 부모의 경우를 전좌형 보인자라고 한다. 전좌형 보인자로부터 생겨나는 아동은 정상 염색체도 있고, 부모와 같은 보인자도 있으며, 전좌형 다운증후군 아동도 있다. 이러한 경우를 가리켜서 유전성이 있는 다운증후군이라고 한다. 전좌형 염색체는 어떤 가계에서 긴 세대에 걸쳐 갑자기 생기며, 그 원인은 설명할 수 없고, 연령도 관계가 없는 것 같다. 자연계의 방사선, 화학작용에 의해 정상 염색체가 잘려나가 그대로 결합했기 때문에 전좌형 염색체가 생긴다고 보는 견해도 있다.

현재로서는 21번 염색체 전체뿐만 아니라 그 염색체의 말초 주변 영역만 여분이 있으면, 거의 전형적으로 다운증후군이 발생하고 있다. 그 영역에 어떤 유전자가 있는지는 많은 연구가 행해지고 있으므로 조만간 보다 상세한 해석이 이루어질 시기가 올 것으로 생각된다. 한편 현재 다운증후군의 출생률은 약 1,000명당 1명이라고 추정되고 있다.

〈정상염색체〉

각각 1개씩 대응해 있다

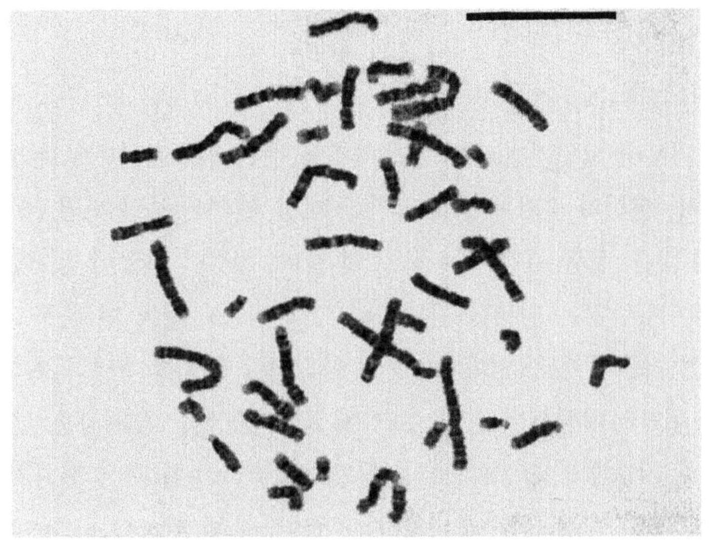

〈다운증후군 21 트리조미 염색체〉

21번 염색체가 3개 있다

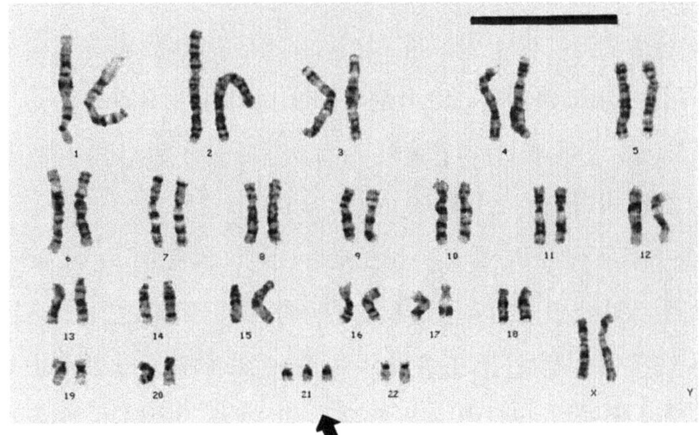

2 다운증후군에는 어떤 특징이 있나요?

다운증후군의 임상적 특징은 여러 가지로 지적할 수 있다. 신생아기부터 노년기까지의 주된 특징을 순서대로 들어보면 현저한 근긴장저하, 전신의 순환부전, 땅딸막한 체형, 안면의 중앙이 잘 조직화되어 있지 않음, 운동 결핍, 튼튼하지 않은 뼈, 심각한 황달이 발병하기 쉬움(신생아기), 많은 합병증(합병증의 항목 참조), 언어 및 운동 발달이 지체되는 경우가 있음(영아기), 문자 학습이나 추상적 개념의 조작이 어려움(아동기), 내향성이 강함, 조기에 노화 증상을 보임(사춘기), 일부 비만이나 기도폐쇄 증상이 보임, 외관적으로 노화와 같은 변화가 보임(성인기), 일부의 급속한 지능 저하(치매), 간질 발작(노인기) 등이 있다. 그러나 개별적으로 보면 사람마다 증상이 다르고, 이러한 증상이 모두 나타나는 것도 아니며, 그 중에는 일반 아동과 별로 다르지 않은 아동도 있다. 다운증후군이라서 반드시 보이는 증상은 없다. 따라서 진단명은 다운증후군이라고 하지만 그 중에서 많이 나타나는 특징을 들면, ① 근긴장 저하, ② 언어 및 인지발달의 지체, ③ 다양한 합병증의 발생 빈도가 높은 것을 지적할 수 있다.

다운증후군 아동의 얼굴 특징으로는 코가 낮다든지 눈이 치켜 올라가 있고 주걱턱이 있다. 다운증후군 아동의 두개골을 보면 이마나 귀 주위의 하악(下顎), 즉 얼굴의 윤곽은 아주 순조롭게 발달했지만 얼굴의 중앙이 작아서 코나 상악(上顎), 뺨은 조금 밖에 성장하지 못하여 코가 낮아 보인다. 윤곽은 정상적으로 발달해 있기 때문에 눈이 바깥쪽으로 치켜 올라간 것처럼 보인다. 턱도 아래 턱은 정상적으로 발달해 가지만 상대적으로 위턱은 작아져서 주걱턱으로 보이기도 한다. 또한 콧대는 낮지만 그것을 덮고 있는 피부는 정상적으로 형성되어 있기 때문에 좌우로 낮게 펴지게 된다. 따라서 눈의 안쪽이 피부로 덮여 마치 사시처럼 보인다.

〈다운증후군 아동의 얼굴 특징〉

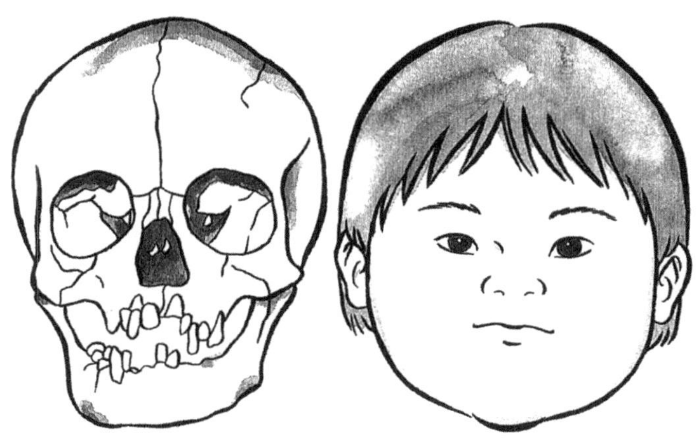

▲ 14세 다운증후군 아동의 두개골

3

아동의 발달이 매우 양호한 것을 보고 모자이크형이 틀림없으므로 다시 혈액검사를 하자고 합니다.

이 질문에는 두 가지의 내용이 있다. 하나는 **모자이크**의 의미에 대해, 다른 하나는 재검사를 하고 싶다는 의사의 의견에 대한 판단이다. 순서대로 대답하기로 하고, 우선 그 상황을 생각해 보자. 일반적으로 모자이크형의 다운증후군이라고 하면 정상세포와 다운증후군 세포가 섞여 있는 것을 뜻한다. 정상 세포의 비율이 높을수록 신체 기능은 정상에 가깝다. 그러나 뇌 조직에서는 다운증후군 세포의 비율이 높고, 근육에서는 낮은 불균형 때문에 혈액세포에서의 비율이 다른 장기의 비율을 그대로 반영하고 있다고 단순하게 생각할 수는 없다. 이것이 모자이크형 다운증후군에 대한 나의 생각이다.

두 번째 과제의 경우, 담당의사는 혈액의 염색분절을 해서 모든 세포가 21트리조미였는데, 아동의 발달이 지나치게 양호하다든지, 분명히 정상세포가 많이 있어서(처음 검사가 불충분하여 제대로 검출되지 못했다고 생각된다) 정상발달로 오인한 다운증후군 아동이었다고 추측했을 것이다. 혈액이 염색체 분절을 거듭하면 정상 염색체를 가진 세포가 발견될 것이라고 생각하고, 다시 혈액검사를 하자고 했을 것이다. 또 그 의사의 생각에 의하면 혈액검사에서 모든 세포가 21트리조미였다고 해도 납득하지 못하고 피부나 골수의 혈액 이외의 조직을 취해서 염색체 분석을 해 보자고 요구하는 것도 무리는 아니라고 본다.

그렇지만 이 의사의 다운증후군에 대한 기본적인 사고방식에는 약간의 문제가 있는 것 같다. 좋은 치료교육 지도를 받아서 나아진 아동의 상태를 보고 그것은 모자이크형이기 때문에 좋아진 것이라고 합리화하는 것은 잘못된 것이다. 오히려 "어떤 교육을 받아왔기에 이렇게 훌륭하게 잘 자랐습니까?"라고 부모에게 물어봐야 할 것이다.

전좌형 염색체와 다운증후군은 다른가요? 4

전좌형(轉座型) 염색체에 의한 다운증후군의 대부분은 21번 염색체가 끊어져 그 긴 부분이 다른 염색체의 말단에 달라붙어 일어난다. 즉, 다른 염색체와 부분적으로 자리를 바꾸었을 때 발생된다고 하여 전좌형(translocation)이라고 한다. 물론 전좌형 다운증후군도 표준형 다운증후군과 증상은 거의 같으나 21번 염색체의 크기가 일부 다르다는 점에서 구별되고 있으며, 특히 전좌형 보인자(保因者)를 가지고 있는 지를 확인할 필요가 있다.

다운증후군이 유전자의 이상이라면 유전자 치료로 완치할 수 있나요? 5

앞에서 말한 대로 다운증후군은 염색체 이상이지만 결국은 유전자 정보의 사용법이 세포나 조직 수준에서 정상과 다르기 때문에 신체의 형성이나 기능에 장애를 일으킨다고 생각한다. 그러나 구체적으로 어떤 유전자 해독이 잘못되었는지, 그것이 어디에서 잘못되었는지에 대해서는 아직 알려져 있지 않다. 다시 말해 현대 의학 정보로는 아직 구체적인 유전자 해석이 되어 있지 않기 때문에 유전자 치료의 가능성도 없는 것이다.

6 컴퓨터에서 나오는 전자파가 염색체 이상과 관련이 있다고 주장하는 사람이 있는데 정말인가요?

컴퓨터뿐만 아니라 전자기기 전체로부터 발산되고 있는 전자파가 신체에 장애를 초래하고, 특히 염색체 이상을 유발하기 쉽다는 의견에서 이 질문이 나왔으리라 생각된다. 그러나 정말 그러한 요인이 있는지를 알아보려면 통계학적 조사의 자료데이터를 분석해야 할 것이다. 소수의 편중된 자료만을 모아서 '전자파는 위험하다'라고 결론지은 논문은 과학적이라고 말할 수 없고, 신뢰할 수도 없다. 다수의 사례를 모아서 연구자의 편중된 사고(전자파는 신체에 유해하다든지, 그렇지 않겠느냐는 선입견)를 배제한 조사라면 그것을 받아들이고 싶다. 미국에서는 이런 종류의 연구논문을 총망라하고, 그 내용을 검토한 위원회에서 나온 결론은 "이제까지의 연구 성과를 면밀하게 조사해 보았지만 어느 쪽으로도 결론지을 수 없었다."라는 것이다. 이 결론을 악용해서 "역시 전자파가 위험하다는 주장을 부정할 수 없었으므로 그것은 사실이다."라고 주장하는 사람이 있는데 어느 쪽도 확실하지 않은 현 단계에서는 일방적인 가설을 믿으라고 주장하는 사람으로 취급할 수밖에 없다.

7 염색체 이상이 있으면 왜 정신발달이 지체되는 것인가요?

염색체 이상이 있다고 해서 모든 아동의 정신발달이 지체된다고는 할 수 없다. 우선 그런 오해가 없도록 하고 싶다. 이 질문의 뜻은

21번 염색체가 과잉되면 즉, 다운증후군이면 반드시 정신발달 지체가 뒤따르는 이유가 무엇일까 하는 의미이다.

답을 먼저 말하자면, 아직 이유는 알 수 없다. 뇌의 조직이 정신발달의 기본이 된다는 것은 분명하기 때문에 다운증후군 아동의 뇌를 비교 연구하려는 시도가 최근에 행해지고 있지만 아직 그렇다할 성과를 올리지 못하고 있다. 그러나 단편적인 설명은 있다. 예를 들면 신경세포가 서로 네트워크를 만들어서 접촉하는 연결부분인 시냅스가 다운증후군 아동의 경우 적다는 것이다. 다른 염색체 이상의 예에서도 그런 현상이 관찰되었다. 따라서 뇌신경계의 시냅스가 충분하지 않다는 것이 우선 예상된다. 그러나 그것이 정말 정신발달 지체의 주된 원인인지는 아직 명확히 알 수 없다.

8 다운증후군 아동은 단명하나요?

단명(短命)이라는 단어에 부모님들이 어떤 생각을 가질까 생각해 본다. 우선 일반인의 평균수명과 비교해 보면 분명히 짧다. 아마 현재는 55세 전후일 것이라고 추측된다. 그러므로 유아의 수명에 대해서 그다지 지식이 없는 의사로부터 단명을 강조하는 설명을 들었다면, 그것은 55세 전후라는 긴 수명의 이미지로 수정되어야 한다. 아직까지도 막 태어난 다운증후군 아동의 수명을 10세 미만이라든지, 성인이 될 때까지 살 수 없다고 단언하는 의사가 있는데 그 방면에서의 오해를 우선 없애야 한다. 물론 여러 가지 합병증을 가지고 있어서 그 치료가 잘 안 되어 영아기에 사망하는 경우도 있다. 그것은 아무리 조심해도 일어날 수 있다. 그런 경우를 포함해서 통계를 내면 현재 평균 수명이 약 55세 정도일 것이라고 말할 수 있다.

9

다운증후군은 조산하기 쉬운가요? 내 아이의 경우 출생시 체중이 37주에 1,720g이었습니다.

다운증후군 신생아의 출산기록을 보면 평균 임신주수 37주에 2,600g 전후의 체중으로 출생하는 경향이 있다. 일반 신생아의 경우 임신 40주에 3,200g 전후의 체중으로 태어나므로 37주는 조산인 듯하다. 그러나 그렇게 심한 조산으로는 보이지 않는다. 37주경이 되면 다운증후군 세포에서 생긴 태반이 점점 커지고 있다는 신호에서 생겨난 것은 아닐까 예상된다. 그런 의미에서 조산의 경향은 어느 정도 예상된 것이었는지도 모른다. 그렇다고 하더라도 당신 아이의 체중이 1,720g이라는 것은 너무 적은 것이다. 절박유산이라든가 저위태반이 있다면 다운증후군이 아니라도 저체중이 될 수 있다.

10

형이 다운증후군입니다. 제가 결혼해서 아이를 낳아도 괜찮을까요?

어떤 사람이 다운증후군으로 진단을 받을 때 그 형제나 친척이 아이를 잉태하면 다운증후군 아동으로 태어날 확률이 높을까 하는 것이 연구되고 있다. 가장 확실하게 아는 방법은 부부의 혈액을 이용해서 염색체 분석을 해 보는 것이다. 둘 다 정상이라고 판정되면 다음으로는 아내 쪽의 연령에 따른 확률로 다운증후군 아동의 출생을 예상한다. 만약 한 쪽에서 전좌형 염색체가 발견되면 다운증후군 아동이 태어날 확률이 있다. 여자 쪽이 전좌형 염색체의 보인자라면 태어날 아이의 15분의 1 정도가 다운증후군이다. 남자 쪽이라면 35분의 1 정도이다.

염색체 분석의 결과가 정상이라고 해도 그 사람의 가계에 다운증후군 아동이 태어났다고 한다면 그 사람의 가계에 다운증후군 아동이 태어나기 쉬운 요인이 유전적으로 있는 것이 아닐까 하고 의심할 수 있다고 생각한다. 이와 관련된 조사연구를 이미 실시한 바 있는데 일반형 다운증후군 아동이 태어난 가계의 경우 형제자매와 같은 매우 가까운 혈족 중에서 태어난 아이들의 다운증후군 출현 빈도는 그리 높지 않다고 보고되었다. 결론적으로 말해 다운증후군 요인이 있는 사람과 없는 사람의 차이는 없다는 것이다.

그러나 전좌형 염색체 다운증후군 아동이 형제자매 중에 있는 경우에는 다르다고 본다. 반드시 본인의 염색체 분석을 해 볼 필요가 있다. 앞에서도 이야기 했지만 전좌형 보인자 염색체가 있다면 다운증후군 자녀를 가질 확률도 최대 15분의 1을 가지고 있기 때문이다.

마지막 질문에서 “아이를 낳아도 괜찮을까요?”라는 질문에 대해서는 대답을 할 수 없다. 왜냐하면 그 문제는 의사나 제 3자가 결정할 일이 아니다. 바로 당신 자신이 결정해야만 하는 것이기 때문이다.

11 다운증후군의 진단을 위해 어떤 검사가 필요한가요?

만약 출생한 아기나 영유아를 관찰해서 다운증후군이 의심될 경우 그 진위를 결정해야 한다. 다운증후군 아동인데도 불구하고 "절대로 일반 아동이야!"라고 현실 도피적으로 육아를 해도 곤란하고, 반대로 다운증후군 아동이 아닌데 다운증후군이라고 믿고 육아에 대한 의욕을 잃어버린 채 방치하는 것도 곤란하다. 과학적으로 증명할 수 있는 것은 가능한 한 분명하게 입증할 필요가 있다고 생각한다. 다운증후군의 진단은 염색체 분석에 의해 행해진다. 그런 검사를 진단검사라고 한다. 일반적으로 혈액을 사용한 염색체 분석이 가장 간단하고 안전하므로 널리 사용되고 있다.

또한 신체의 다른 조직을 일부 채취하고 조직배양을 해서 염색체 분석을 할 수도 있다. 그러나 그것은 특별히 필요한 경우에만 행해진다. 예를 들면 태아가 다운증후군인지 아닌지를 진단하기 위해 양수세포를 채취해서 염색체 분석을 하는 경우도 있고, 섬모조직을 채취해서 염색체 분석을 실시하는 경우도 있다. 일반적으로 염색체 분석은 조직배양을 해서 표본을 작성하고 현미경으로 관찰해서 염색체 이상을 판단하기 때문에 적어도 며칠은 걸린다. 최근에는 21번 염색체 수에 이상이 있으면 특별한 **DNA프롭**을 이용해서 몇 시간 내에 진단할 수 있게 되었다. 그러나 이 검사법은 아직 신뢰 정도가 완전하다고 할 수 없기 때문에 보조검사로 이용되고 있다.

12 양수검사에 대해서 알려 주세요.

양수검사라는 용어는 말 그대로 '양수'의 '검사'이므로, 양수를 분석해서 정보를 찾아내는 것은 모두 **양수검사**로 불린다. 그러나 여기서는 양수 염색체 검사라는 의미로 한정해서 이야기한다. 임신 15주 이후에는 자궁 내에 충분한 양수가 존재한다. 그 양수를 주사기로 채취하는 것을 양수천자라고 한다.

채취한 양수 속에는 태아의 신체에서 떨어져 나온 세포(표피세포나 요로계 상피세포 등)가 많이 떠 있다. 그 세포의 염색체를 분석하는 방법이 있다. 그러나 분석할 수 있는 세포의 수가 모자라기 때문에 확실하지 않아 이 방법이 주류라고 할 수는 없고, 조직배양액으로 세포배양을 해서 충분한 수의 세포집단이 관찰되는 시기에 표본을 작성하고 염색체를 분석하는 것이 일반적이다. 이 방법으로는 결과가 나오기까지 며칠에서 몇 주가 걸린다. 다만 어떤 경우에는 배양을 하더라도 세포가 증식되지 않으면 실패하게 되어 염색체 분석 결과가 나오지 않을 수도 있다. 유의할 점은 양수천자가 태아의 신체에 일부 위험을 줄 수 있다는 것이다. 천자와 관련된 유산은 약 0.3% 정도로 보고되고 있다. 기술적, 경험적 수준이 낮으면 그 비율은 더 높아진다. 양수 염색체 분석을 할 경우, 경험과 실력이 있는 기술자에 의해 잘 관리된 상황에서 실시하는 것이 매우 중요하다.

13 모체혈청 마카검사에서 '괜찮다'고 했는데 태어난 아이가 다운증후군이었습니다. 어떻게 된 일인가요?

모체혈청 마카검사(triple test)는 태아의 상태를 알기 위해 필요한 것이지만, 결코 태아의 특정한 선천 이상을 명확히 진단하는 검사는 아니다. 모체혈청 마카검사는 특정한 선천이상이 태아의 신체에 있을 확률을 나타내는 것이다. 확률이므로 예를 들면 125분의 1이라는 수치가 제시된다. 문제는 그 수치의 해석이다. 그 확률이 높은가 혹은 낮은가에 따라 이후 임산부의 심리적 반응은 달라지게 된다. 정확한 모체혈청 마카검사가 실시된 경우에는 어느 수치 이상의 확률은 높은 확률이라고 하고, 어느 수치 이하는 낮은 확률이라고 한다. 그렇게 하지 않으면 검사의 유용성이 불분명하게 되어 거짓말을 하고 있다고 해도 반론을 제기할 수 없다.

이 질문에서는 검사를 받은 결과, 낮은 확률의 수치가 나왔다고 추정된다. 이 경우 의사는 정확하게 확률이 낮다라고 표현해야 한다. 낮은 확률 속에서도 어느 정도의 예외가 있을 수 있으므로 다운증후군 아동이 태어날 수 있다고 예상된다. '괜찮다'는 말은 일반적으로 "확률이 제로다"라는 의미로 받아들이는 것이 사회적 상식이기 때문에 부적절한 표현이다. 이 질문의 경우에는 낮은 확률이지만 드물게 생길 확률이 있기 때문에 다운증후군 아동이 태어났다고 생각된다.

14

지금 임신을 하지는 않았지만 염색체 이상(전좌형)이 있음을 알았습니다. 어떻게 하면 좋을까요?

전**좌형 염색체**가 발견되었다. 그것이 있으면 장차 아이를 가질 때 어떤 염색체 이상이 어느 정도의 확률로 생길지, 정확하게 설명 받을 필요가 있다. 그러한 설명을 듣는 것이 유전상담이다. 어떤 이상이 있을 수 있다는 추측이 포함된 설명이 있을 것이다. 그 지식을 가지고 장래의 임신을 준비해가는 것이 좋을 것 같다. 그러나 이런 일련의 정보를 알고 싶지 않다면 그것을 나중으로 연기시켜도 좋다. 그것을 결정하는 것은 바로 자신이다.

또한 결혼 상대자에게 알려야 하는지 어떤지에 대한 질문도 자주 받는다. 여기서도 상대에게 알려서 어떤 인간관계를 수립하고 싶다면 서로 진지한 대화가 필요하다고 본다. 만약 상대자에게 알려지면 헤어지게 될 것이 분명해서 그것만은 절대로 피하고 싶다면 그것을 자신의 책임으로 받아들일 수밖에 없을 것이다. 즉, 평생 그것을 감추고 살아가야 할 것이다. 반대로 자신은 정직한 인간으로 살고 싶다면 그 희망에 따른 힘든 생활을 하게 될 수도 있을 것이다. 어느 쪽을 선택해도 불안하다면 자신에게 진정한 선택이 무엇인지 깊이 생각해 볼 문제이다. 그 최종 결정까지 친구나 카운셀러의 의견을 참고로 하는 것도 좋다고 생각한다.

15 출생 전 진단에서 다운증후군이라는 것을 알았다면 낙태를 시켜야 하는지요?

태아가 단지 다운증후군으로 진단되었기 때문에 **임신중절**을 하려고 한다면 그 생각에는 절대 동조할 수 없다. 다만 태아에게 특정한 건강상의 문제로 인하여 어쩔 수 없이 중절을 허가해야 한다는 의견에는 찬성할 수 있다. 즉, 그 전제가 되는 것은 어떤 이상이 태아에게서 발견될 때 임신중절을 허락한다는 조건이다. 그것을 **태아조항**이라고 한다.

물론 현행 **산모보호법**에서는 태아조항은 존재하지 않는다. 따라서 태아가 다운증후군이기 때문에 중절한다는 사고방식은 법적으로 허락되지 않는다. 그러나 현실적으로는 태아가 다운증후군이면 중절하는 경우가 있지 않은가라고 반론을 할 것이다. 그것은 다른 이유에 근거해서 행해지는 중절이다. 즉, 더 이상 임신상태를 유지하면 산모의 건강을 해칠 가능성이 있다고 하는 극히 심각한 이유에 근거하여 시행하는 중절이다. 사회적·경제적 빈곤을 이유로 하는 중절도 허락되고 있지만 이것도 오늘날 우리나라에서는 사회적 문제로 보여진다. 태아조항을 인정할 것인지 아닌지는 아직 찬반양론이 매우 첨예하게 엇갈리고 있는 실정이다. 아무튼 출생 전 진단에서 다운증후군이라는 것을 알았을 때 낙태시켜도 좋다는 논리를 이대로 인정할 수는 없다고 생각한다.

16 태어난 아이가 다운증후군 이라는 것을 처음으로 부모에게 알리는 경우, 어떤 점에 유의해야 할까요?

어떤 이야기를 하든 태어난 아기와 그 엄마(아빠도 포함해서)와의 관계를 약화시키지 않는 범위에서 이야기하는 것이 좋다고 생각한다. 그러한 배려는 매우 중요하다고 믿고 있다. 왜냐하면 다운증후군을 선천성 장애로 인식하고, 곧 죽게 되는 **치사성 질환**으로 취급하는 의사나 보육관계자, 부모나 가족들이 많기 때문이다. 즉, 다운증후군 아기의 생명을 가볍게 없애버리려는 사고방식에 의도적으로 대항하지 않으면 잘못된 생명관이 유포될 것이기 때문이다. 조기 사망하거나 지능발달이 안 된다는 이야기는 실제로 부모의 아픈 가슴에 못을 박는 행위이며, 이로 인해 양육 의욕을 잃게 하는 계기가 될 수도 있다.

그리고 그러한 부정적인 생각은 다운증후군 아동의 성장과 발달에 나쁜 영향을 미치게 된다. 물론 그러한 불길한 예언에도 미혹되지 않고 오히려 아동에게 더 깊은 애정을 갖고 양육하는 가정도 많이 있다. 이러한 가정의 아동들이 성장이나 발달이 더 좋다는 것은 부모의 양육 의욕도의 차이에 따라 아동의 성장이나 발달이 좌우된다는 것을 의미한다. 다운증후군이라고 사실을 처음 알려 주는 사람은 모든 정보를 정확히 파악하여 알려 주고, 그 후에도 부모가 아동과 자연스러운 인간관계를 잘 형성하고 있는지 책임감을 가지고 지켜보아야 할 것이다.

그러므로 다운증후군이라는 사실을 알릴 경우, 그 후에 계속되는 의료적 지원 약속도 매우 중요하다고 여겨진다. 그리고 육아 불안를 가지고 있는 부모들에게 "보통 아이와 똑같이 기르면 된다."고 하는 소극적인 대응만으로는 곤란하다. 처음 태어난 아이가 다운증후군 아동이며 육아

경험도 없는데 그런 말을 듣는 부모는 무시당하는 느낌을 받아서 화를 낼 수도 있다. 부모가 치료교육을 담당하는 의사로부터 기본적인 육아상담을 받을 수 있도록 안내해 주고, 다운증후군 아동들을 진료하는 전문 의료기관도 소개해 주어야 한다.

물론 이러한 대응자세는 동네 소아과 의사나 대학병원에 근무하는 의사 모두에게 무거운 짐이 되기도 한다. 그 경우에는 집 근처에 다운증후군 치료교육 프로그램을 전개하고 있는 의료기관을 소개해 주면 된다. 그곳에 가면 다른 부모들과도 만날 수 있고, 합병증에 대해 보다 좋은 의료 관리를 받을 수도 있을 것이다.

한편 모든 부모들은 자신의 아이를 위해 최고 수준의 의료와 치료교육을 제공받고 싶어 한다. 그래서 여러 의료기관을 전전하는 일이 종종 있다. 이러한 부모들의 행동에 대해 다운증후군 의료기관에서 일하는 의사가 싫은 내색을 할 경우도 있다. 이럴 때 부모들은 다소 곤혹스럽지만 의료관계자들의 그러한 태도는 자신의 치료방법이 최고라고 믿고 있는 자존심의 발로이므로 크게 신경 쓸 필요는 없다고 본다. 미국에서는 이러한 독선적인 의사의 지시나 판단에 자신의 인생이 혼란스러워지지 않도록 하기 위해 **세컨드 오피니언 협회**라는 것까지 조직해서 공정한 판단으로 보다 나은 의료를 받을 수 있도록 배려하고 있다.

17 아이가 다운증후군이라는 것을 친척이나 친구들에게 어떻게 알리면 좋을까요?

우선 미리 작정하고 일부러 "우리 아이는 다운증후군입니다."라고 말할 필요는 없다. 상대가 아무 것도 묻지 않는데 억지로 그들에게 가르치려고 하는 것은 좋지 않다고 생각한다. 일상생활 속에서 아이가 다운증후군의 특성 때문에 어떤 행동이 돌출되고 다른 사람들과 잘 어울리지 못할 경우, 친척이나 친구들에게 그 이유를 설명하고 이해를 구해야 한다면 "제 아이는 다운증후군입니다. 그래서 이러한 행동을 하는 것이므로 여러분들이 널리 이해해 주시기 바랍니다."라고 자연스럽게 이야기하는 것이 좋다. 그렇게 하게 되면 이들도 다운증후군을 올바로 이해하고 그 행동을 용납할 수 있을 것이다.

그런데 난데없이 갑자기 "제 아이는 다운증후군이다."라고 알리면 그 소리를 들은 사람들은 어떻게 대응해야 할 지 오히려 난감해 할 수도 있다. 남에게 사실을 알리는 행동은 인간관계에 새로운 정보를 주는 일이며, 또한 새로운 내용을 기대하고 받아들이게 된다. 그 목적이 무엇인가를 정확하게 인식하고 알리는 것이 가장 좋다고 생각한다. 예를 들면 "우리 아이는 다운증후군이므로 어릴 때 자주 병원에 다녀야 합니다." 그래서 부득이하게 직장에 자주 빠질 수도 있다고 주위 동료들에게 미리 설명을 해 두면 오해가 없을 것이다.

18 출생 전 진단에서 태아가 다운증후군임을 알았을 때 그것을 산모에게 어떻게 알려야 할까요?

그다지 좋지 않은 소식을 전할 경우, 그 뒤에 이어질 산모의 고통을 고려하여 이야기를 하는 것이 당연한 배려라고 생각한다. 태아가 다운증후군임을 알았을 때, 그 사실을 어떻게 전하면 좋을지 사전에 협의가 있었다면 그 협의대로 전하면 된다. 그러나 현실적으로 그런 일은 거의 없으리라고 생각된다. 다운증후군의 **출생 전 진단**이 나오면 산모에게 의미 있는 정보는 무엇일까에 대해서 최대한의 상상력을 발휘해서 정보를 제공하도록 한다. 일반 산부인과 의사가 전하는 것은 바람직하지 못하지만 만약 산모가 그렇게 해도 좋다는 의사를 밝혔다면 숨김없이 검사 결과를 말해야 한다. 그리고 산모가 생각나는 모든 질문을 할 수 있도록 해 준다. 담당의사는 그 자리에서 대답할 수 있는 것은 모두 대답해 주고, 만일 잘 모르는 질문에 대해서는 다음에 정확하게 답해 줄 것을 약속한다. 자신의 지식으로는 대답할 수 없다고 판단되는 경우에는 가능한 빨리 그 분야의 전문 의료기관을 소개해 주는 노력도 필요하다.

산부인과 의사의 입장은 매우 미묘한 부분이 있다. 만약 산모가 임신중절을 희망하면 그 뜻에 따라 행동을 취하는 것이 가능한지 자문자답해야 할 것이다. 그 문답을 하는 중에 산부인과 의사가 자신이 가지고 있는 생명관을 알게 모르게 산모에게 억지로 강요하고 있지는 않은지 잘 생각해 보아야 한다. 다운증후군의 의학적 접근이나 치료교육에 대해 충분한 지식이 없으면서 나쁜 측면만을 설명하는 것은 잘못된 것이다. 그리고 반대로 낙관적인 것만을 설명하는 것도 좋지 않다고 생각한다.

필자의 경우에는 매우 단순하게 설명한다. "태아가 다운증후군으로 진단되었습니다. 저는 이 사실에 대해서 어떤 가치판단도 내리고 있지 않습니다. 신중히 생각해서 출산하기로 결정했다면 그 선택을 존중합니다. 중절을 할 경우, 산모의 안전을 최대한 생각해서 필요하다면 신뢰할 수 있는 의료기관을 소개해 드릴 수 있습니다. 임신을 계속 지속하기로 했다면 이 아이를 낳길 잘했다고 생각할 수 있도록 최선의 의료 프로그램을 제공할 것을 약속합니다. 그러나 어느 쪽을 선택하셔도 저는 제 자신의 가치관에 비추어 부모님의 선택을 비판할 수 없습니다."라고 설명한다. 또한 다운증후군에 대해 알고 싶은 것이 있다면 어떤 질문을 해도 좋다고 말한다.

먼 곳에서 상담을 하러 오는 분도 자주 있다. **유전상담**을 하는 경우도 있고, 편지로 상담하는 일도 있으며, 팩스를 사용해서 정보를 교환하는 일도 있다. 물론 전화를 사용해서 상담하는 경우도 있다. 그 상황에 따라 확실한 정보를 제공하여 산모의 선택이 큰 후회로 이어지지 않도록 하는 것이 중요하다고 생각한다.

19 태어난 아이가 다운증후군으로 진단되자 시어머니가 이혼을 요구해 오는데 어떻게 해야 할까요?

정말 비상식적이고 말도 안 되는 소리다. 그러나 그것이 사실이라면 그냥 외면하고 있어서는 아무 것도 해결할 수 없다. 아마 당신과 남편 사이에 강한 애정만 있다면 이 문제는 잘 해결될 수 있을 것이다. 그래서 우선, 남편이 자신은 거의 의사표시를 하지 않고 어머니의 말만 따르는 소위 마마보이 같은 성격인지 확인해 보는 것이 필요하다. 혹시 그런 남편이라 해도 당신과 이야기를 나누면서 남성으로서 독립적인 홀로서기를 하도록 지원해야 할 것이다.

만약 다운증후군의 대부분을 여성의 난자 **비분리**가 원인이라고 주장한다면 분명히 반박해야 한다. 비록 여성 쪽의 난자 비분리가 원인인 경우가 다수라고 하더라도 그것 때문에 다운증후군 출산이 여성의 책임이라고 한다면, 이 문제는 법적 소송을 통해서라도 대응할 필요가 있다고 생각한다. 요즘 유전자를 해석할 수 있는 의학적 접근에서는 오히려 남성 쪽의 비분리가 원인이었다고 판명되는 경우도 있다(약 5% 전후). 그러므로 비록 여성 쪽의 비분리가 원인이라는 유전자 해석이 내려질지라도 남자의 책임도 결코 가볍지는 않을 것이다.

다시 말해 아기는 여자 혼자서 만들 수 없다. 남자에게도 책임이 있기 마련이다. 그런데 이러한 사실을 인정하지 않고, 만약 끝까지 남편이 비이성적인 자세로 일관한다면 애정이 식었다고 판단되므로 이혼도 고려해 볼 필요가 있다고 생각된다.

20 다운증후군 치료교육의 기본은 무엇인가요?

아동의 양육을 책임지고 있는 사람들이 다운증후군 아동으로 진단받은 아동들의 성장과 발달이 최대한 가능하도록 배려하는 것은 당연한 일이다. 그러나 그렇게 하기 위해서는 아동의 신체 발달과 발달 특징을 잘 이해하고 있지 않으면 안 된다. 다운증후군 아동이 장래 어디까지 발달할 것인가 하는 잠재적 가능성은 아동 개개인의 특성과 능력을 **진단·평가**하여 판단해야 한다.

다시 말해 처음부터 다운증후군 아동이기 때문에 발달하지 않을 것이라고 단정짓는 것은 잘못된 일이다. 의학적 이해와 교육적 개입을 이른바 **치료교육**이라고 한다면 그 기본은 성장과 발달의 가능성을 명확하게 인식하고, 구체적인 목표 도달을 위해 노력하는 일이다. 이것은 바른 인간교육의 중요한 방법이다. 주의해야 할 것은 치료나 교육, 훈련을 지나치게 목표화해서 인간적인 성장 전체를 훼손하지 않도록 하는 일이다. 예를 들면 과도한 훈련은 학대로 보일 수도 있다. 그 훈련에 인간적인 교육목표가 없다면 아무 쓸모가 없는 일이다.

필자는 이러한 바른 인성교육이 이루어지는 증거는 마음의 교류(의사소통)가 능숙하게 되는 것이라고 생각한다. 다운증후군 치료교육의 기본은 마음의 교류가 잘 되는지에 달렸다고 해도 과언이 아니기 때문이다.

합병증에 대한 기초적인 것을 가르쳐 주세요. 21

다운증후군으로 태어난 아이는 많은 **병리적 증상**을 보인다. 그러나 그것이 모든 아이에게 나타나는 것은 아니다. 어떤 아이는 매우 미약한 증상밖에 나타내지 않고, 어떤 아이는 매우 많은 증상을 나타내기도 한다. 이러한 증상을 **합병증**이라고 한다. 어느 아이에게 어떤 합병증이 있는지 정확하게 확인하고 그 합병증이 의학적으로 치료가 가능하다면 치료할 수 있도록 배려한다. 만약 치료가 불가능하다면 그 상태에서 가장 알맞은 **삶의 방식**(QOL)을 생각해 내도록 한다.

합병증은 현실적으로 관찰을 통해서 발견하게 되는데 기형은 원래

감각기능이나 운동기능의 장애까지 포함한 모든 검사를 진행한다. 이비인후과, 안과, 피부과 등의 전문적 검사를 실시하는 과정에서 합병증을 발견하는 경우도 있다. 어떤 합병증이 있는지는 다운증후군 아동에 따라 다르다.

제 2 부

다운증후군과 의료

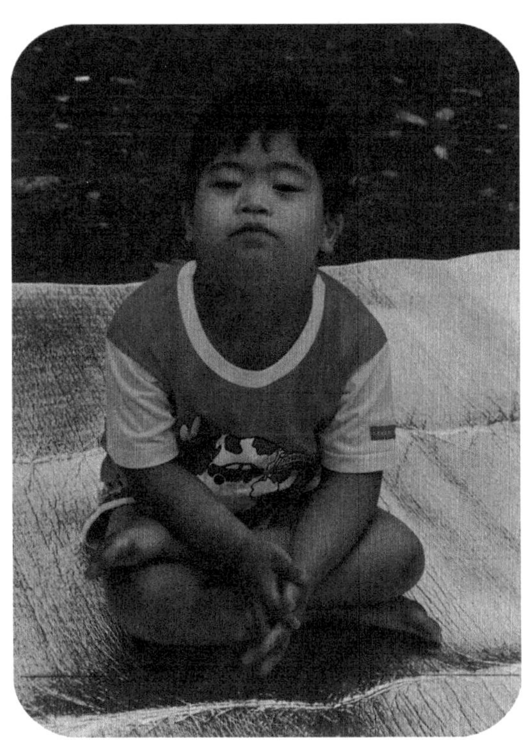

다운증후군은 병원에서 치료하는가요?

22

앞의 2번 항목에서 서술한 것처럼 다운증후군의 세 가지 신체적 특징으로 근긴장 저하증, 언어 및 정신발달의 지체, 합병증을 들 수 있다. 각각의 장애에서 생기는 사회적 활동의 제한이나 의사소통의 장애를 어떻게 극복하는가 하는 것이 다운증후군 치료의 최대 과제이다. 우선 각각의 다운증후군 아동이 어떤 장애 특성을 가지고 있는가를 진단 평가해야 한다. 장애의 원인을 분석하고 그 성질을 잘 파악하면 그 문제의 해결을 위한 목표의 설정은 거의 이루어졌다고 할 수 있다.

많은 경우 **의료적 중재**를 포함한 환경의 정비에 의해 대부분의 장애는 경감된다. 이런 접근은 순수 치료 의학과는 성격이 다르기 때문에 필자는 의료적 중재라고 불러서 구별하고 있다. 그것은 다운증후군 아동의 신체적 특징을 특별한 체질로 인식하고, 그 체질을 방치해 두면 장애로 고정될 수밖에 없는 것을 보다 수용하기 쉬운 것으로 변화시키는 의료적 보호를 적극적으로 행하는 것이 의료적 중재라고 정의할 수 있다. 다운증후군으로 태어난 아이를 전부 부정하고 극복을 목표로 하는 일이 있어서는 안 된다. 윤리적으로는 다운증후군 아동의 체질에 따라서 가지고 있는 많은 장애의 하나하나를 극복하도록 전체적인 보조적 중재 프로그램을 만들어야 한다.

그러나 이론상으로 근본 치료의 가능성은 아직 남아 있다. 21번 염색체 긴 쪽의 특정 영역에 있는 복수유전자의 과도한 신호를 적절한 양으로 조절하는 기술이 개발되는 것이 꿈이라고만 할 수는 없다. 그러나 현 시점에서는 어떤 접근을 해야 그 돌파구가 마련될 지 전혀 알 수 없는 실정이다.

또한 그것이 가능하게 되면 이번에는 다운증후군 인격의 특성까지 인위적으로 개조시키는 것이 옳은지 그른지에 대한 철학적인 의문이 생겨나게 될 것이다. 아직까지는 의료적 중재의 관점에서 대처방법을 생각해 내는 것이 가장 확실한 방법이라고 생각된다.

23 다운증후군 아동의 치료에 약을 사용하나요?

다운증후군의 여러 증상을 완화하거나 해소시키기 위한 약을 개발하려고 하였지만 어떤 경우에도 다운증후군 그 자체에 대해서는 효과가 없다고 판정되었다. 혈액검사에서 **갑상선 기능**에 이상이 없어도 주의하기 위해서 **갑상선 분말**을 신생아나 유아기에 복용시키는 의사가 종종 있다. 그렇지만 그 효과의 판단은 과학적으로 행해져야 한다. 또한, 단기 효과와 장기 효과를 구별해서 판단할 필요가 있다. 현재까지 논쟁이 계속될 만큼 그 판단은 쉽지 않다.

그러나 만일 특정 질환이 발견되어 특정한 약을 투여하면 그 증상이 가벼워지거나 해소되는 것이라고 판단되어 투약하는 것은 당연한 일이다. 흔히 합병증 때문에 대량의 비타민 종류와 미네랄 종류를 포함한 처방약을 복용시키는 것이 건강상태가 향상된다고 주장하는 경우가 있다. 그러나 이것도 엄밀히 따지면 비교연구의 결과는 아니다.

따라서 효과가 있다고도 없다고도 단정할 수 없다. 전에 일본에서도 MD산이라고 불리는 처방이 다운증후군 치료를 목적으로 많은 다운증후군 아동에게 투여되었다. 그 후 자세한 검증을 한 결과, 효과가 없다고 판정되었다. 그러나 지금까지도 일부 의사는 투여를 계속하면서 효과가 있다고 환자 가족에게 말하고 있는 것으로 안다. 이런 일을 볼 때 의사는 양심에 따라 과학적인 평가를 존중하려는 태도가 매우 중요하다고 생각한다.

24 머리가 좋아지는 약이 있다는데 가르쳐 주세요.

약 2~3년 전에 미국 남부의 어떤 엄마가 양자인 다운증후군 아동에게 시험적으로 대량의 비타민과 **알츠하이머** 치료약인 **피라세탐**(Piracetam)을 자신의 판단으로 복용시켜서 아주 훌륭한 발달을 이루었다고 텔레비전에 보도된 적이 있다. 그 결과 이제까지 수천 명의 다운증후군 아동이 같은 처방을 받아 그것을 복용하고 있다고 은밀히 전해지고 있다. 그러나 대량의 비타민제의 효과는 비타민 부족 아동에게는 유효하지만 그 이외의 다운증후군 아동에게 유효하다는 것은 증명되지 않았다. 더구나 피라세탐을 본래의 치료용도가 아닌 이러한 인체실험에 사용했다는 것은 매우 위험한 일이다. 왜냐하면 이러한 일을 다른 사람이 또 다시 흉내 낸다면 그것은 정말 큰일이기 때문이다. 피라세탐을 다운증후군 아동에게 투여해서 엄격한 효과판정을 받은 연구는 아직 보고된 바가 없다. 아마 얼마 지나지 않아 장차 그런 연구가 행해져서 조사 결과가 발표될 것이지만 그때까지는 하나의 가능성으로 기억해 두는 것이 좋다고 생각한다.

뇌의 움직임을 담당하고 있는 신경세포의 기능을 높이는 약제는 옛날부터 있었다. 일부는 각성제라고 불려서 법률로 금지되어 있기도 하다. 인간의 정신을 황폐화시키는 부작용이 있기 때문이다. 인간의 뇌신경 움직임을 인공적으로 조작해서 높은 지능을 얻으려는 시도는 실험단계이며 여러 가지로 행해지고 있다. **스마트 드럭**(Smart Drug)이라고 불리는 것이 그것이다. 동물실험의 단계이지만 일시적으로 기억력을 높이는 약제로 개발되고 있다. 서서히 실제 생활에서도 그런 약물이 도입되려는 분위기가 일어나고 있기 때문에 그에 대한 대응을 생각해 두는 것이 좋을 것이다. 그러나 다운증후군 아동의 지능을 높이기 위한 약이 개발되려면 아직은 시간이 걸릴 것이다.

25 머리가 좋아지는 약의 부작용은 없나요?

일반적으로 어떤 약이 의료기관에서 상용화되기까지는 독성검사, 배뇨검사, 태아독성검사 등의 여러 가지 가능성이 검토되고, 어느 정도 안전하다고 인정되지 않으면 인가되지 않는 구조로 되어 있다. 신경계에 사용하는 약제의 부작용은 특히 신경계에서 많이 생겨나서 걱정이다. 중독 증상을 초래하지 않을까, 또는 생각지도 않은 신경계 기능이 너무 활발하여 그 기능이 멈추지 않을까 하는 염려가 있다. 과거에도 그런 사례가 있었기 때문에 신약의 개발에는 매우 주의가 필요하다.

앞에서 서술한 알츠하이머 환자에게 투여하고 있는 약물을 다운증후군 아동에게 복용시키는 행위는 모험이나 무모한 행위로 생각된다. 그런 투여가 반드시 필요한 경우에는 신경전문의사의 자문을 받아야 하고, 복용 중에도 나타날 부작용을 항상 염두에 두고 관찰해야 할 필요가 있다.

다운증후군 아동도 일반 소아과를 이용할 수 있나요? 26

물론이다. 다운증후군 아동라고 해서 신체가 보통 아이와 크게 다른 것은 아니다. 보통 아이들처럼 열이 나고, 설사를 하며, 기침도 한다. 조금만 아파도 증상이 더 심하게 될 수도 있다. **합병증**이 있기 때문에 단순한 치료계획을 세우기 어려울지도 모른다. 그러나 치료방법이 다운증후군이라고 해서 특별할 필요는 없다. 아동의 신체, 생리, 질병을 가장 잘 알고 있는 소아과 의사에게 진찰을 받아서 일상적인 병을 치료하면 되는 것이다.

예방접종도 같다. 다운증후군 특유의 임상 검사는 분명히 있다. 그러나 그 수는 적고 그 실시 시기에 대해서는 다운증후군 전문의사가 생각하고 있다. 자신의 병원에서 검사하는 경우도 있고 그 분야의 전문의에게 의뢰하는 경우도 있다. 다운증후군 전문의사로부터 설명을 듣고 지시를 따르는 것이 좋을 것이다.

다운증후군에 대해서 잘 알고 있는 전문의사에게 진찰을 받을 필요가 있을까요? 27

절대적으로 필요하다. 일반적인 아동의 병이나 예방 접종은 일반병원에서 하는 것이 좋다고 생각한다. 그러나 다운증후군만의 특별한 **체질**에 의한 임상적 특성을 고려해야 한다. 그것을 충분히 변별할 수 있는 소아과 의사가 많지 않기 때문에 다운증후군 진료에 정통한 전문의에게 진찰을 받는 것이 바람직하다고 생각한다. 다운증후군의 체질에 맞는 임상검사도 시기에 따라 전문가가 계획한다. 근처에 좋은 소아과가 있어서 빨리 진찰받고 빨리 치료를 받을 수 있는 환경은 이상적이다. 일반 소아과 의사와 다운증후군 전문의사 모두가 필요하다. 그리고 어느 쪽 의사도 각각의 특기를 발휘할 수 있도록 가족들의 배려가 매우 중요하다고 본다.

28 주치의를 두는 것이 좋을까요?

주치의는 없는 것보다는 있는 것이 좋다. 주치의는 종종 다운증후군 아동의 권익 대리인과 같은 역할을 할 수도 있다. 신뢰할 수 있는 주치의가 곁에 있는 것은 매우 바람직하다고 생각한다. 주치의의 역할은 오케스트라의 지휘자와 같은 것이다. 의료의 전부를 책임질 필요는 없고, 다른 의료전문가와 협력하여 일정한 성과를 올릴 수 있도록 하는 역할을 한다.

29 다운증후군의 조기교육에 있어서 아동의 능력 이상을 요구하는 데 대해 의사의 반대 의견이 있는데 어떻게 할까요?

그것은 궤변이다. 그 경우에는 무엇이 아동 능력의 한계이고, 왜 그렇게 생각하는가를 합리적으로 설명할 수 있어야 한다. 그러나 열심히 조기교육을 하고 있는 엄마들의 기분을 가볍게 하기 위한 호의로 말한 것일지도 모른다. 그렇지만 조기교육의 효과에 대해 별로 기대하지 않는 것은 애초부터 의료와 교육에 대한 철학과 신뢰가 없기 때문이라 여겨진다. 왜 아동을 교육하려고 하는가, 병이 나면 왜 고치려고 하는가, 그것을 분명히 정리하고 있었으면 반대 의견까지는 가지 않았을 것이라고 생각된다.

하나의 사례를 소개한다.

"(전략) 딸의 행동 증상입니다. 2세가 되자 가끔 10~13보 정도 걷게 되었습니다. 걸으면서 목표한 방향으로 향할 때의 표정은 매우 기쁜 것 같고, 저도 기쁩니다. 그리고 걷게 됨과 동시에 나팔이나 피리도 크게 불게 되었습니다. 역시 걷게 되면 많이 다르구나 하는 것을 느끼게 되었고, 매우 기분 좋습니다."

다운증후군의 정기 건강진단이라는 것이 있습니까? 30

있다. 다운증후군 아동의 성장과 발달은 건강한 아동과 비교하면 다소 지체되어 있지만 극단적으로 지체되지는 않는다. 만약 다운증후군 아동이 성장 표준치에서 벗어난 성장과 발달이라고 인정되면 어째서 그렇게 된 것인지 원인을 찾아야 한다. 다운증후군과는 전혀 관계없이 우연히 희귀한 질환이 발견되는 경우도 있다.

따라서 다운증후군 아동의 성장과 발달에 대해서는 경험이 풍부한 의사에게 평가를 받는 것이 중요하다. 신생아 시기에는 합병증이 없는지, 있으면 어떤 것인지 정밀검사를 통해 모두 찾아야 한다. 전문의사의 소개도 필요하다. 적절한 육아 정보의 제공도 중요하다. 나태한 엄마의 잘못된 육아상식을 가지고 접근하여 다운증후군이기 때문에 크지 않는다고 오해한 채로 기르는 경우도 있다. 어떤 질문을 해도 회답을 할 만큼 서로 신뢰할 수 있는 관계가 필수적이다. 정기 건강진단은 그런 기회를 준다. 또한 아동의 성장 시기마다 부모가 가정에서 양육할 때 주의해야 하는 것을 가르쳐 줄 것이다.

영아기에는 정해진 범위 내의 성장과 발달을 하고 있는지 체크하게 된다. 의료기관에 따라서는 많은 임상검사를 하는 병원이 있지만 대개는 필요 없는 것이다. 왜 그 검사가 필요한 것인지, 충분한 설명을 듣고 이해하고 난 후 받는 것이 좋을 것이다. 3세 전후에는 경추의 X-Ray 검사가 시행된다. 12~15세가 되면 혈액으로 **갑상선 기능검사**도 실시한다. 최근에는 성인이 되면 다시 경추의 **X-Ray 검사**를 받아 두는 것이 좋다고 한다. 이렇게 다운증후군의 생애를 통해서 어떤 시기에 어떤 임상검사가 행해지는 것이 바람직한지에 대해서는 시대에 따라 변화하기 때문에 그런 의미에서도 다운증후군의 치료교육에 알맞은 의료기관에서 계속적으로 진찰을 받는 것이 좋다.

31 성인이 되어 소아의료 전문기관의 진찰을 받을 수 없게 되었습니다. 어떻게 하면 좋을까요?

분명히 다운증후군 아동은 근처의 소아전문 의료기관에서 오랫동안 진찰을 받을 수 있지만 일정한 연령이 되면 진찰할 수 없다고 판단한다. 일반적으로 소아과 환자의 법정연령은 15세까지로 되어 있다. 특별한 질환으로 어릴 때부터 친밀한 관계가 형성되어 있는 소아 의료기관에서는 많은 경우 18세까지 진찰이 가능하게 되어 있다. 그러나 그 다음의 일이 문제이다. 다운증후군 성인은 우선 내과에서 진찰받아야 하지만 내과 의사로서 다운증후군에 대해 잘 알고 진료할 수 있는 사람은 그리 많지 않다고 생각된다.

그러나 다운증후군 아동의 수명이 연장되어 많은 사람이 성인기에 도달하고 있는 현재, 서서히 다운증후군의 성인의료 또는 노인의료에 관심을 가진 전문의가 나오기를 기대한다. 미국의 시카고시에는 다운증후군을 위한 성인 클리닉이 개설되어 있다. 우리나라에도 같은 취지의 전문 클리닉이 생기기를 바란다. 지금까지는 지역 소아의료 전문기관 담당 의사에게서 구체적인 정보(예를 들면 어느 의료기관의 어떤 의사)를 찾아보는 것도 한 방법이다. 근처 부모회의 연락망으로 어느 의사가 좋은지 정보를 얻는 것도 좋을 것이다.

특별아동 부양수당이라는 것이 있다고 하는데요. 32

일본에서는 법률에 의해 지적장애아 **특별부양수당**이라는 수당이 지급된다. 그 수당을 이야기하고 있다고 생각된다. 정신발달의 지체가 인정되는 아동을 양육하는 가정에 대해 공적으로 부조하는 제도로서 매월 일정금액의 부양수당이 지급된다. 20세 미만의 연령자가 대상이 되며, 보호자에게 지급된다. 지급액은 아동의 장애 급수와 보호자의 소득 정도에 따라 차등 지급된다. 부양수당신청서는 관할 주민센터 복지과에 비치되어 있으며 의사의 장애 증명 내용을 받아서 함께 제출한다. 정신발달 지체에 한하지 않고 중도의 신체장애아도 포함되도록 개정되어 있다. 또한 중도장애 때문에 일상생활에서 항상 보호가 필요한 경우가 있는데, 그 경우에는 장애아동 복지수당을 지급받을 수 있다.

33 장애인 등록방법과 복지카드에 대해 알려 주세요.

장**애인복지카드**는 정신지체인에게 여러 가지 지원이나 법적권리보장을 위해 1973년부터 제도화되었다. 그 전부터 도쿄나 기타 현에서도 **수첩제도**가 시행되어 '사랑의 수첩'이나 '녹색수첩'이라는 명칭으로 불리고 있었다. 지방자치단체의 독자적인 지원체제도 포함되어 있기 때문에 이것에 대한 설명이 수첩에 기록되어 있고, 장애 정도는 지방자치단체의 분류 기준에 의해 4단계까지 나누어진다.

특전으로는 세제면제의 우대를 받을 수 있다든가, 교통기관의 할인을 받는 등, 경제적 특전이 있기 때문에 이용가치가 있다. 본인이나 법적 대리인이 신청을 해야 하는데 신청용지를 받아서 필요사항을 기재한 후 주민센터에 제출한다. 기재 내용 중 장애 정도의 판정은 지방자치단체 독자적으로 결정하게 되어 있기 때문에 대개는 근처의 아동상담소에서 판정이 이루어진다.

신체장애자 수첩은 심신기형이라는 일정한 신체적 장애를 가졌다고 인정된 서류를 제출하고, 그 내용에 의해 인정된 수당을 받을 수 있다. 또한 장애인 공제 혜택도 받을 수 있다.

제 3 부

자세와 운동기능

10세 여아인데 동작이 느리고, 팔을 당기면 '아프다'고 말합니다. 34

경험으로 비추어 보아 그 여아의 동작이 항상 느린 것은 아니라고 생각한다. 어떤 때는 민첩한 동작을 하는 일이 있을 것이다. 만약 그렇다면 느리게 동작을 하는 것은 아이의 기분에 그 동작을 하려고 하는 동기가 충분히 형성되어 있지 않기 때문이라고 생각된다. 그런 동기가 없는데 외견상으로만 모두 똑같이 행동하도록 하면 실질적으로 교육상의 효과는 없을 것이다. 게다가 강제적으로 시키는 것에 대해서는 아프다고 하며 거절을 하는 것이다. 스스로 하려고 하는 경우의 민첩성과 비교하면 싫어하는 행동을 취하도록 하는 것이 과연 바람직한 효과가 있는 것인지 생각해 볼 필요가 있다. 물론 일상적으로 반드시 해야 하는 행동이라는 것이 있다. 그것을 어떻게 하는지는 다른 항목에서 알아보기로 한다.

다운증후군 아동은 왜 몸이 흐물흐물 하나요? 고칠 수는 없을까요? 35

모든 다운증후군 아동이 흐물흐물하다고 말할 수는 없지만 비율로 보면 많은 편이다. 그렇지만 그것은 출생 직후에 가장 눈에 띄고 성장함에 따라 점차 줄어들게 된다. 관절근육의 연약함이 흐물흐물한 인상을 주는 것인데, 왜 관절의 근육이 연약한 것인지는 자세하게 알 수 없다. 그 신체기관의 근육 문제 때문인지 그렇지 않으면 뇌의 중추신경의 문제인지는 알 수 없다. 과거에 **세라토닌**이라는 뇌의 중추신경에서 활동하는 신경전달물질을 복용시키면 근긴장이 개선된다는 보고가 있어서 뇌신경계의 지시가 약해졌을지도 모른다. 덧붙여서 말하면 세라토닌 투여를 계속하면 경련발작이 일어나므로 투여는 중지되었다. 즉, 치료법으로는 부적합하다는 결론을 얻었다.

그러면, 아동이 성장함에 따라서 흐물흐물한 인상이 줄어드는 것은 왜일까? 아마 뇌신경계의 명령이 잘 지속되고, 그 결과 관절 주위의 근육이 수축하는 상태가 계속되기 때문이라고 할 수 있을 것이다. 그러나 그런 아동이 수면 중에 취하는 자세를 보면 깜짝 놀란다. 관절이 매우 부드럽게 되어 상상할 수 없는 자세로 자고 있다. 그 버릇은 일어나게 해서 같은 자세를 취하게 하면 할 수 없는 경우가 많다. 이것은 자세가 의식과 관계 있는 것을 의미한다. 일상 생활에서의 자세는 대부분이 자의식에 의해 조절되고 있다. 자의식의 조절이 강해지면 관절 근육도 강하게 유지된다. 그러나 잠이 들면 자의식의 조절이 되지 않기 때문에 그 사람 본래의 연약함이 나온다. 그런 의미에서 본질적인 관절의 연약함은 치료되지 않는다. 그러나 각성되어 있는 상태에서 근육에 힘을 주는 경우에는 학습훈련의 효과가 인정된다. 그 의미에서는 치료를 할 수 있다고 말한다.

36

다운증후군 아동은 몸이 흐물흐물하다는데 우리 아이는 근육이 딱딱하고 몸을 뒤로 젖히면 뻣뻣해집니다.

일반적인 다운증후군의 운동신경 발달패턴과는 차이가 난다. 뇌성마비의 증상에서 오는 다른 선천적 장애를 가지고 있을 가능성이 있다. 소아신경내과 전문의의 진찰을 받아보기 바란다.

하나의 사례를 소개하면, "무릎, 팔꿈치, 대퇴 외측부분에 항상 푸른 색 반점이 보이는 5세의 다운증후군 남자 아이가 있었다. 혈액검사를 한 결과 **혈우병**이라는 것이 판명되었고, 그 치료를 받자 곧 출혈증상은 없어졌다. 다운증후군 아동의 증상만으로 대처하였다면 큰 위험에 빠질 수도 있었다고 생각된다."

37 다운증후군 아동은 왜 쉽게 피로해 하는지요?

피로도를 숫자로 측정할 수 있다면 정확한 회답이 되겠지만 유감스럽게도 그런 지표는 없다. 그러나 다운증후군 아동이 오랜시간 걸을 때 가끔씩 일반 아동보다 빨리 피곤함을 호소하는 것을 보면 지치기 쉽다고 생각할 수 있다. 이런 체험적 비교에서 아마 일반 아동동들보다 지치기 쉽다고 생각하는 것 같다. 또한 심장이나 근육의 세포수를 세어 보면 일반 아동보다 적다는 것이 밝혀져 있다. 신체에 필요한 세포수가 적은 경우 일반 아동들보다 지치기 쉬운 것은 당연한 것이다.

38 생후 5개월인데 부모와 함께 할 수 있는 운동은 어떤 것이 가장 좋을까요?

머리나 몸통의 근육이 그다지 약하지 않으면 **앞으로 안기** 운동이 가장 효과적일 것이다. 아동을 엄마의 가슴에 안는데 그때 엄마와 같은 방향을 향하고 있어야 한다. 당연히 아동의 등이 엄마의 가슴 앞부분에 붙는다. 이때 아동의 등 부위가 엄마의 가슴에 바싹 붙이도록 운동을 유발시켜 준다. 그 경우 아동의 자세는 의자에 앉은 것처럼 된다. 즉, 엄마의 한쪽 팔을 아동의 엉덩이 밑에 붙이고 그 손바닥에 아동의 체중을 싣는다는 기분으로 한다. 또 다른 손바닥으로 아동 신체의 전면에 대어 앞으로 넘어지지 않도록 한다. 그러나 가능하면 아동이 자신의 힘으로 상반신을 세운 채 앉은 자세가 유지될 수 있도록 안는다.

즉, 아동 신체의 전면을 받치고 있는 손바닥이 아동의 신체에서 조금 떨어지게 받치고 있는 것이 가능하다면 엄마의 손이 아동의 하복부에 가도록 한다. 그러면 아동이 상반신은 스스로 세워야 하기 때문에 흔들흔들 하면서도 점차 체간의 근육을 움직여서 상반신 직립자세를 유지하게 된다. 이것을 반복하는 동안 분명히 상반신 직립자세를 익히게 될 것이다. 그리고 **일어서기 체조**(65번 항목 참조)로 옮긴다. 앞으로 안기의 효과는 매우 분명하다. 다만 계속해서 앞으로 안기를 하면 엄마와 자녀의 대면교류가 없기 때문에 안기 시간의 절반 정도만 앞으로 안기로 보내는 것이 좋다고 지도하고 있다.

39 다운증후군 아동은 장래 손가락 사용이 어렵다고 들었습니다.

이것은 잘못된 정보라고 생각한다. 손가락을 사용하는 일이 어떤 것인지를 분명하게 알고, 그 일을 시켜서 다운증후군 아동이 어렵다면 그 데이터를 보여 주어야 한다. 그러나 그런 데이터는 찾아볼 수가 없다. 주관적인 판단으로 한 말일 것이다. 그러나 주관적이라고는 해도 약간의 진실은 있다고 할 수 있다.

따라서 다운증후군 아동이 손가락을 사용하는 일을 하지 않는다고 제멋대로 결정하지 말고, 어릴 때부터 손가락을 사용하는 상황을 부여하는 것이 좋다고 생각한다. 그런 교육을 받은 다운증후군 아동이 많이 생겨야 처음의 주관적인 판단의 시비를 가릴 수 있다. 다시 말해 지금까지의 사례로 보아서는 그러한 주장은 설득력이 없다고 보여진다.

40

유아인데 손에 무엇인가를 쥐어 주어도 잡을 수 없습니다. 어떻게 하면 좋을까요?

손발이나 신체의 큰 운동이 가능하면 점차 미세한 운동도 가르칠 수 있으리라고 생각된다. 손은 뇌의 중요한 일부라고까지 한다. 손 운동을 가르치는 것은 좋은 일이다. 그렇지만 본인은 손을 쥐거나 내미는 것이 싫은 모양이다. 이런 경우 자극을 주는 방법의 연구가 필요하다. 어떤 자극이 좋을까 하는 것은 결과적으로 판단할 수밖에 없지만 하나의 예로 시도해 볼 수 있는 방법을 제시한다.

아동의 손 크기에 맞춘 막대기를 준비해서 그것을 쥐게 하고 거즈같이 부드러운 것으로 동여맨다. 그리고는 손으로 쥐는 감각을 분명히 알게 한다. 외국에서는 그 도구가 수도 호스처럼 되어 있어서 속에 공기를 통하게 해서 율동적으로 그 봉의 직경이 변하는 재미있는 것도 있다. 집게손가락과 엄지손가락으로 둥근 원을 만드는 것도 손가락의 정교성을 높이는 데 도움이 된다. 또 곁에 항상 소리가 나는 장난감을 두는 것도 좋다.

41 **손과 발을 좌우 교대로 움직이는 것이 서툴러서 계단 오르내리기나 자전거타기, 특히 수영에서 발차기가 어렵습니다.**

다운증후군의 체질이 있기 때문에 반드시 그럴까 하는 질문에 대해서는 명쾌한 답을 할 수 없다. 본질적으로 그렇게 결정되어 있는 경우도 있지만 예외가 많이 있기 때문이다. 그런 다운증후군 아동의 양육 방법을 살펴보면 어릴 때부터 활발하게 신체를 움직이도록 어른들이 잘 유도해야 한다는 것이다. 손이나 발의 교차운동, 계단 오르내리기, 자전거타기, 수영에서 발차기 등 모두 훈련을 통해 익혀야 되는 것이다. 서투르다는 것은 어릴 때부터 훈련이 부족해서라고 생각된다.

42 **7개월경 눕기 자세에서 뒤집기를 할 수 있게 되었지만 원래대로 되돌리는 것이 불가능합니다.**

뒤**집기**가 가능하게 되었다는 의미라고 생각한다. 눕기로 되돌아가기 어려운 것 같지만 내버려 두어도 좋을 듯하다. **눕기 자세**에서는 주변의 세계를 제대로 탐색할 수 없지만 엎드린 자세에서는 많은 사건을 자세히 목격할 수 있고, 경우에 따라서는 가까이 가는 것도 가능하다. 지능의 발달이 빠르게 성장하는 유아에게 **엎드리기 자세**는 아동의 발달에 좋은 영향을 주게 된다.

앉기 자세가 불완전한데 기어서 전진할 수 있게 되었습니다. 43

아동이 어떤 순서로 운동발달을 하는가에 대한 연구는 분명히 있지만, 그렇다고 해서 앞뒤가 바뀌어 일어나는 운동 중 어느 쪽이 먼저 발달하지 않으면 건강하지 않다는 것은 아니다. 물론 뒤집기를 할 수 없는데 일어서기란 현실적으로 불가능하다. 발달의 패턴은 큰 계단처럼 되어 있어서 그 수준을 알 수 있다. 그 관점에서 보면 앉기가 되지 않는데 기어서 전진해도 좋다고 생각한다. 그 아동은 매우 의욕이 강해서 스스로 대상에게 가까이 가고자 하기 때문에 엎드려서 **기어가기**를 발달시킨 것이다. 매우 훌륭한 일이다. 기뻐해야 할 것이다.

네발기기를 하지 않고 잡고 서기를 했습니다. 44

다운증후군 유아에게는 **네발기기** 자세가 매우 어렵다는 것을 알 수 있다. 그 주된 원인은 대퇴근이 약하기 때문이라고 생각된다. 특히 안쪽 부분을 죄는 근육이 약하기 때문에 보통 아동과 같이 네발기기 자세를 시키면 픽하고 자세가 무너져 버린다. 무릎을 굽혀서 체중을 싣는 것이 어려운 것 같다. 그러나 아동에게는 의욕이 있다. 할 수 있다면 멋진 세상을 보고 싶어 할 것이다. 그래서 잡고서기 자세를 해서라도 머리를 높은 위치에 두게 하는 것이 좋다. 그러한 의욕은 칭찬해 주어야 한다. 따라서 네발기기가 되지 않아도 무릎을 펴서 설 수 있는 한 잡고 서기를 좋아하게 되는 것이다. 모험을 하고 있는 아동에게는 최대한 응원을 해 주어야 한다.

45 보행기를 사용하는 것에 대해 어떻게 생각하십니까?

다운증후군 아동의 보행에서 나타나는 가장 큰 문제는 무릎 관절을 똑바로 편 상태로 걸으려고 한다는 데 있다. 아동 자신이 무릎 관절의 약함을 느끼고 있는 듯해서 그런 태도를 취해도 이상하지는 않지만 그렇게 되면 신체운동의 유연성이 매우 힘들게 된다. 단 10cm 높이의 계단에서도 손잡이에 의지하지 않으면 걸을 수 없게 된다. 이 정도로 무릎 관절의 유연성은 중요하다. 보행기를 사용하는 경우, 이 점을 잘 인식해서 사용할 것을 권장한다. 다시 말해 무릎 관절을 굽혀서 이동운동을 하도록 하면 보행기에 태우는 것은 괜찮다. 반대로 보행기에 앉아서도 무릎 관절을 똑바로 편 채로 이동운동을 할 수 있다면 그다지 효과가 없다고 생각한다. 특히 무릎 관절을 똑바로 펴고 있으면 그때의 이동은 뒷걸음질 밖에 안 된다. 보행기에 탄 아동이 무릎관절을 굽히지 않고 뒷걸음질을 치게 되면 즉시 보행기 사용을 금지시키는 것이 좋다. 반대로 무릎을 굽히고 전진을 하고 있으면 바람직한 것이다.

생후 9개월인데 앉을 수가 없습니다. 앉을 수 있게 될까요? 46

역시 조기부터 운동을 의도적으로 시키지 않은 아동의 사례이다. 다운증후군 아동은 온순하고, 수면이 길며, 우는 소리도 작기 때문에 자녀양육의 경험이 있는 엄마는 오히려 '순한 아이'라고 좋아하기도 한다. 반면 처음 자녀를 양육하는 엄마는 아기는 모두 이런 것인가 하고 오해하고 있는 것이다. 그래서 다운증후군 아기들 중에 운동부족 상태인 경향이 있다. 이 시기의 운동부족은 아기의 발달에는 큰 손실이라고 할 수 있다. 아기는 전신운동을 하면서 자신의 신체를 인식하게 된다. 또한 신체 각 부분의 움직임을 학습한다. 이때 신체에 대해 깨닫는 것이 중요하다. **뒤집기 운동**, **앞으로 안기 체조**(64번 항목 참조), **네발기기 운동** 등을 통하여 앉기에 필요한 허리의 힘을 몸으로 인식하게 된다. 허리까지 안정되면 그 위에 직립한 척추가 우뚝 솟아오른다. 그런 이미지를 머리에 그려서 처음으로 아동은 앉을 수 있게 된다. 다른 신경근의 질환이 합병되어 있지 않는 한 끊임없이 신체의 여기저기를 자극해 주면 반드시 그것을 깨닫는다. 그리고 앉을 수 있게 된다.

앉을 때 무릎을 쭉 펴고 있습니다. 고치는 것이 좋을까요? 47

무릎을 구부리는 자세도 있다는 것을 가능하면 아동에게 가르쳐 주어야 한다. 즉, 양 무릎을 똑바로 펴고 앉아 있는 시간이 많다고 느끼면 무릎을 구부려서 앉도록 해 본다. 그것도 아주 단시간일 뿐이다.

곧바로 다시 양 무릎을 펴는 일이 있어도 신경질적으로 다시 굽히도록 하지 않아도 된다. 무릎을 굽히고 앉는 것도 가능하다는 것을 아동이 깨닫도록 하는 것을 목적으로 하는 것이다. 항상 아동의 곁에 붙어 있으면서 조금이라도 무릎을 펴면 더 이상 굽혀 주는 일은 하지 않기 바란다. 엄마도 아이도 심리적으로 피곤해진다. 그러는 사이에 무릎을 굽혀서 앉으면 안정감이 증가한다는 것을 깨닫게 된다. 그때까지 시간이 조금 걸릴지도 모르지만 끈기 있게 하기 바란다.

48

생후 6개월 된 다운증후군 아동인데 앉게 하면 항상 등을 심하게 구부립니다. 대책이 없나요?

척추가 크레인처럼 움직여서 머리를 들어 올리는 힘이 부족한 상태이다. 그대로 자세를 지속하면 등의 휘어짐을 보통 자세처럼 느끼게 된다. 직립한 척추의 정점에 머리가 얹혀 있다는 감각을 느끼도록 해 준다. 그러므로 가능한 한 머리의 무게에 눌려 등이 굽게 되는 자세를 피하고 다른 자세를 취하게 한다. 우선 **네발기기 자세**가 좋을 것이다. 등을 젖혀서 머리를 들어올린다. 반대로 늘어뜨려 보는 것도 좋다. 사자탈처럼 등을 뒤로 젖힌다. 등뼈를 받치는 근육도 완전히 펴서 기분이 좋아 보인다. 또한 앉기 자세에서 등이 굽을 때에는 즉시 집게손가락으로 둥근 등뼈 주변의 좌우를 쿡 찔러주면 그 자극에 따라 등을 바르게 펴게 될 것이다. 이런 자극을 주면 자연스럽게 등을 젖히고 머리를 등뼈의 꼭대기에 안정감 있게 두게 된다. 이 자세는 등 전체 근육의 부담을 경감시킨다. 그 경감의 기쁨을 아동이 느끼면 머리를 그 위치에 유지하게 된다.

앉히면 등이 굽게 된다

등뼈의 좌우를 쿡쿡 찔러 준다

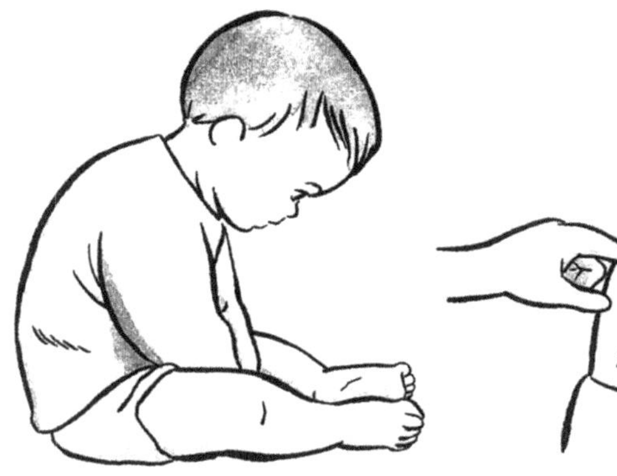

엎드려서 등을 휘어지게 하고 머리를 들어올리게 한다

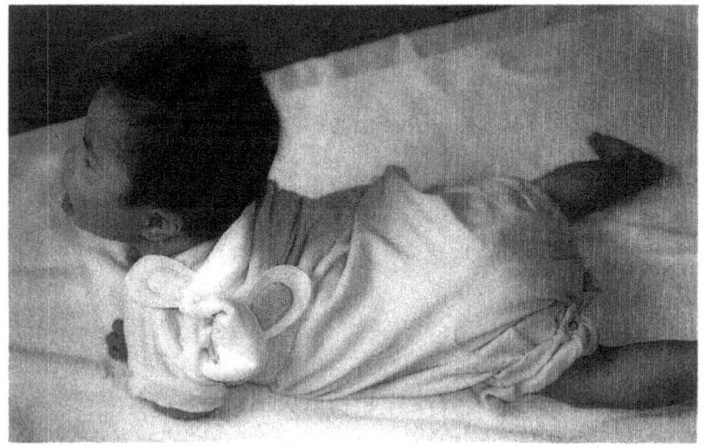

만약 둥글게 튀어나온 등뼈의 좌우 피부를 아무리 정교하게 문질러 주어도 꼼작하지 않고 반응이 없는 경우라면 그 주위의 피부감각이 둔하다는 것을 나타내기 때문에 우선 피부 전체가 민감하게 되도록 한다. 피부를 문지르거나 옆구리 밑을 분명하게 간지럽게 해서 아동이 피부감각에 집중할 수 있도록 한다. 너무 돌출되어 있는 경우에는 영아의 골격에 대해 잘 아는 **물리치료** 전문가나 **카이로프랙틱**(chiropractic: **수기요법**) 전문가에게 의뢰해서 풀어주는 경우도 있다. 자신의 집에서 하면 손가락 끝으로 **마사지**를 하는 것도 좋다. 척추 전체를 손으로 원을 그리듯 돌리며 척추를 연결하고 있는 많은 근육의 긴장을 풀어 준다. 그 방법은 다른 항목에서 설명하기로 한다.

49

1세 반인데 양 팔꿈치로 일어서려고 하며, 발끝이 바닥에 닿자마자 즉시 무릎을 구부립니다.

이 아동은 다리에 체중을 싣는 것을 매우 싫어하고 있는 것 같다. 아마 다리에 체중이 실리면 무릎이 굽혀져서 쓰러질 것이라고 생각하는 모양이다. 그런 생각은 공포심에 가까운 것이라고 생각한다. 그러므로 발이 바닥에 닿으면 바로 발을 움츠리는 것이다. 이런 상태에서는 걸음마가 상당히 지체될 수 있다. 이런 상태가 지속되지 않도록 하기 위해서는 일찍부터 운동훈련을 해야 한다. 이 경우의 운동훈련은 **서기 체조**가 좋다. 이 내용은 65번 항목에서 상세하게 설명하고 있다. 그러나 이 아이처럼 이미 굳어져 버렸다면 아동의 의도와는 관계없이 하지에 체중을 싣는 체조를 시켜야 한다. 그 하나는 **발뒤꿈치 떨어뜨리기**

라는 운동이다.

아동의 양쪽 겨드랑이 밑을 잡고 높이 들어 올려 발뒤꿈치부터 바닥에 부딪치도록 세차게 내려온다. 발꿈치가 바닥에 부딪치는 것을 느끼면 신경반사가 활동해서 아동의 의지와는 관계없이 무릎관절을 펴고 다리 전체에 힘을 주게 된다. 그 순간을 포착해서 일으켜 세운다. 그러면 아동은 서 있는 것을 느끼고 곧 울든지, 무릎관절을 굽히려고 한다. 그렇게 하지 않도록 도와주면서 자세를 잡아간다. 즉, 세워진 자세에서는 다리가 보행하는 것처럼 해서 걷게 한다. 그 양 무릎이 굽지 않도록 가볍게 앞부분을 눌러 주면 좋다. 선 자세에서는 무릎 관절이 굽혀지지 않기 때문에 계속 선 자세를 유지할 수 있다. 고관절, 무릎관절, 발목관절, 그리고 발바닥 전체에 체중이 실려 있는 것을 아동은 감각으로 느낄 수 있다. 그러므로 무섭다는 기분을 가지지 않도록 격려해 준다.

다음 단계로 엄마의 무릎 위에서 아동의 양팔을 잡고 들어올리면 그토록 서기를 싫어하던 아이가 서는 것을 흔히 볼 수 있다. 엄마의 무릎 위라는 공간은 아동에게 안심할 수 있는 공간인 것이다. 그러므로 이런 훈련도 도움이 된다. 또는 욕탕에 들어가 있을 때 들어 올리는 것도 좋다. 부력이 있기 때문이다. 일반적으로는 부력을 이용해서 운동발달을 촉진하게 하는 것은 **자력보행**에 도움을 주게 된다. 욕탕의 효능에 대해서는 다른 항목에서 설명할 것이다.

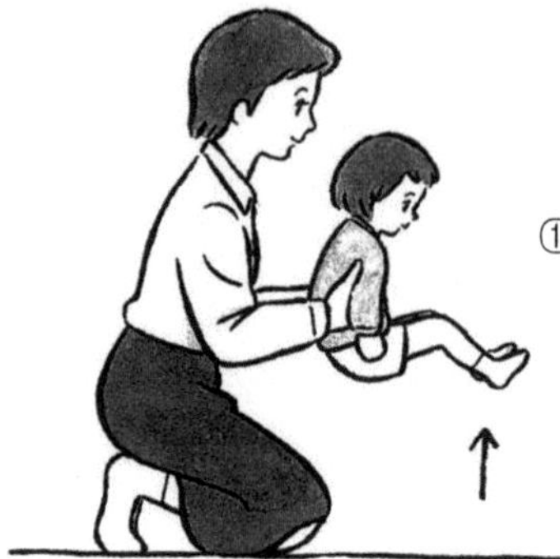

① 아동의 양쪽 겨드랑이를 잡고 들어올린다.

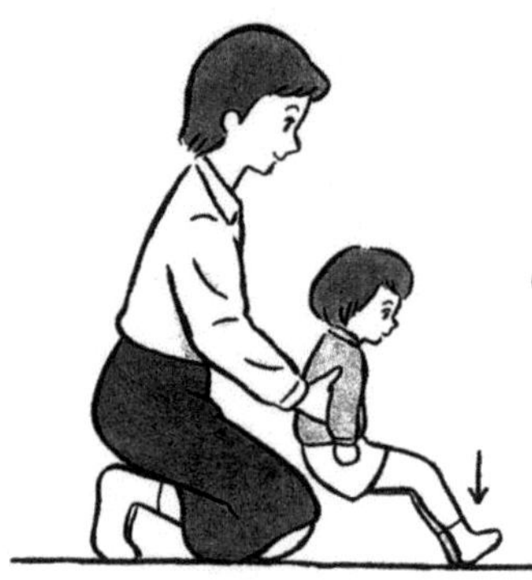

② 발뒤꿈치가 바닥에 부딪히도록 떨어뜨린다.

③ 부딪히는 충격으로 발의 근육이 긴장한다. 그 순간을 포착해서 일으켜 세운다.

50

생후 5개월 된 아이입니다. '높이높이' 놀이를 하면 무서워서 다리를 축 늘어뜨립니다.

원래는 방치해 두지 않는다. **높이높이 놀이**를 시킨 아동은 기쁜 표정과 함께 머리를 들어서 등을 젖히고 하지는 신체의 선에 따라 신전시킨다. 알기 쉽게 표현하면 슈퍼맨이 하늘을 나는 자세를 취한다. 이것이 건강한 자세운동 발달을 하고 있는 아이의 자세이다. 머리를 늘어뜨리거나, 하지를 떨어뜨리는 경우에는 두려움이 앞서서 빨리 내려오고 싶다는 심리 상태를 그렇게 나타내고 있다고 생각할 수 있다. 이런 심리 상태에서는 서기자세를 취하려는 모험심을 그다지 기대할 수 없다. 대책으로는 누운 자세에서 신체를 돌리거나, 앉은 자세에서 **서기 자세**를 많이 취하게 하든지, **네발기기**에서 등을 젖히기 쉽도록 마사지를 해 주는 방법이 있다.

높이높이를 할 때 정상적인 자세

무서워서 손과 발, 머리가 내려와 있다.

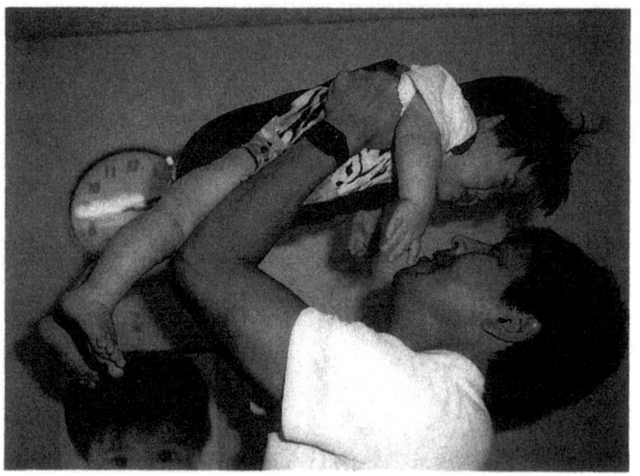

겨우 앉을 수 있게 되었는데 무릎을 똑바로 편 채 앞으로 발끝을 이동하고 있습니다.

51

이러한 자세는 다운증후군 아동의 분명한 특징이다. **고관절**을 이루고 있는 근육이 연약하기 때문에 이런 일이 생길 수 있다. 다운증후군 아동의 머릿속에는 자신의 고관절이 매우 약하게 이해되고 있는 것 같다. 따라서 다리를 하나의 막대기처럼 고정시켜 사용하는 것은 아닐까 하고 추측하고 있다. 그래서 **무릎관절**을 굽히는 것을 싫어한다. 이런 것을 멈추게 하는 방법은 없다. 항상 옆에 붙어서 그 동작을 중지시킬 수는 없을 것이다. 오히려 가능한 한 많은 시간을 무릎을 굽히는 자세에 집중할 수 있도록 유도하기 바란다.

예를 들면 아이의 정강이 길이만큼 높은 아동용 의자에 앉혀 본다. 발바닥을 바닥에 붙이거나 무릎관절을 사용해서 다리를 흔들게 될 것이다. 다리를 편 상태로 걷게 하고 싶지 않으면 바지를 벗기고 양 무릎을 천으로 묶는 것이다. 어느 정도는 구부리지 않고 걸을 수 있기 때문에 여유가 없지만 이것으로 무릎을 최대로 펴지 않는 훈련은 될 것이다. 다리를 편 모양이 몸에 익어버리면 서기에서 무릎을 가지런히 해야 하는데 발끝이 바깥을 향한 상태로 체중이 실리면 무릎관절이 약해져서 흐트러지기 때문에 서기를 싫어하게 된다. 따라서 무릎을 가까이 해서 설 수 있게 가르칠 기회가 있다면 그 기회를 활용하도록 노력해야 한다.

52 4세가 되었는데 점프를 싫어합니다. 어떻게 하면 좋을까요?

본인이 해 보면 점프를 하는 것은 즐겁지만 착지할 때의 충격을 생각하면 싫을 것이다. 요컨대 무릎관절이 약하기 때문에 착지에서 무릎이 꺾이게 되고, 신체가 부딪칠 것이라고 생각하고 있기 때문일 것이다. 점프할 때 심하게 신체가 흔들리면 무섭다고 느끼는 것도 당연하다. 완전한 자세로 걷고 무릎을 강하게 하는 것이 선결과제이다. 그 외에 가끔 예외의 경우도 생각할 수 있다. 대퇴골의 혈관이 가늘어서 골두조직이 파괴되는 일이 있다. 항상 한쪽으로만 체중을 싣는 것을 싫어하면 X-Ray 사진으로 검사해야 한다. 그러나 그 빈도는 그다지 높지 않다.

53 1세 10개월의 다운증후군 아동입니다. 서서 걸을 수는 있지만 양 무릎이 서로 붙어 다리가 ×자로 보입니다.

그것은 다운증후군 아동에게 자주 나타나는 ×각이라는 것이다. 무릎 관절을 완전히 펼 수 있는 만큼 편 상태이다. 그 상태로 선 자세를 유지하고 있는 것이다. 즉, 무릎관절이 체중 때문에 굽지 않도록 하기 위한 예방책이다. 그러나 그렇게 무릎을 사용하면 하지는 하나의 막대처럼 되어 다리의 유연성을 잃어버린다. 상반신이 조금만 중심을 잃어도 복원할 수 없게 된다. 그러면 점차 심하게 신체가 기울어지게 된다. 이것이 싫어서 점점 하지에 무리한 힘을 주게 되며 악순환이 계속된다. 무릎관절이 연약하면 그렇게 되기 전부터 운동(65번 항목 **서기 체조**)을 해 두는 것이 좋다고 생각한다. ×각의 상태에서는 몇 cm 높이의 계단도 내려가지 못한다. 계단을 내려갈 때 손잡이에 의지하며 멈칫거리면서 한 발 한발 내려가는 다운증후군의 모습을 보면 조기에 무릎을 잘 사용하는 방법을 가르쳤으면 좋았을 텐데 하는 생각이 든다.

고관절 탈구를 치료하기 위해 보조기를 하고 있습니다. 언제쯤 떼면 좋을까요? 54

정형외과 담당의사에 의해 언제 뗄 것인지 판단이 내려진다. 나는 전문의의 기량을 믿고 있기 때문에 이 경우에는 정형외과 의사의 판단을 존중한다. 그에게 물어 보기 바란다.

55 일어서면 발가락 전체가 발바닥 쪽으로 오므라듭니다.

다운증후군 아동이 처음으로 일어설 때 자주 보이는 현상이다. 아동의 기분으로는 서기 위해 발끝에 힘을 주어 바닥을 디디려고 한다. 이때 그 힘이 지나쳐서 발가락이 발바닥 쪽으로 오므라드는 것이다. 적당히 힘을 빼는 것을 가르치면 해결된다. 그러나 다운증후군 아동은 좀처럼 그 모양을 얻기 어려운 듯하다. 발끝이 발바닥 쪽으로 굽어져 있으면 바로 설 수가 없다. 방치해두면 서는 시기가 매우 늦어진다.

이것을 극복하기 위해서는 아동에게 의자에 앉는 상태를 우선 학습시킨다. **앞으로 안기**(64번 항목 참조) 운동을 실시하는 것도 하나의 훈련 방법이다. 그리고 발바닥을 가능한 바닥에 붙이도록 유도한다. 발끝에만 힘을 주지 않고 발바닥 전체에 힘을 주어 일어서기를 학습할 수 있도록 한다. 일상생활에서도 아동의 다리 길이 높이의 의자를 준비해서 그 의자에 앉히는 것이 중요하다. 그러면 충분히 발가락 전체가 안쪽으로 오므라드는 기간을 단축할 수 있다.

발가락 전체가 안쪽으로 오므라든다.

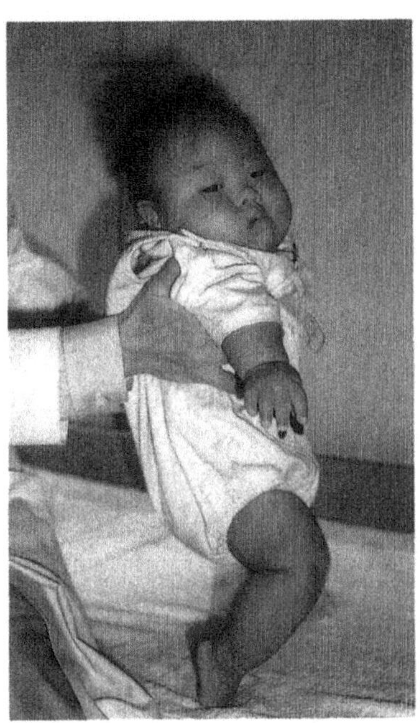

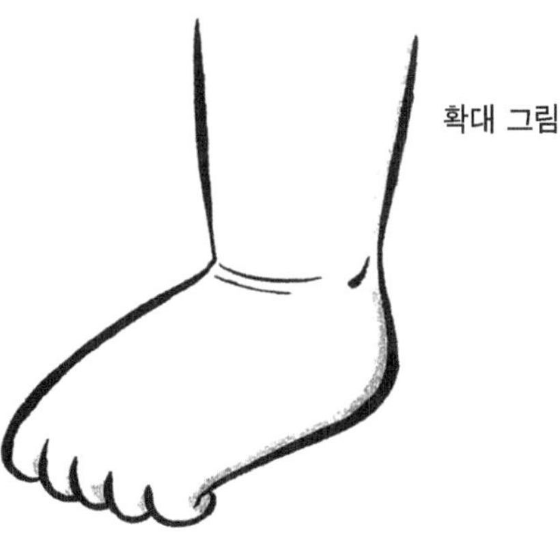

확대 그림

56

태어날 때부터 다운증후군인 유아는 발바닥 면적이 작아 보입니다. 어떻게 하면 크게 될까요?

분명히 다운증후군 아동의 발바닥 면적은 건강한 아이와 비교하면 좁다. 특히 발뒤꿈치 쪽이 작은 특징이 있다. 정말 작은 발바닥이지만 양육에 따라 크게 될 수 있다. 그 성장을 설명하면 역시 체중에 관계되는 것으로 발바닥이 눌려서 그 압력이 뼈와 근육에 계속 걸리면서 그 자극에 의해 뼈는 더 커지고, 근육은 두껍고 길게 된다. 물론 어느 정도 한계는 있을 수 있다.

57

머리가 왼쪽으로 10도 정도 기울어져 있습니다. 병원에서는 "목이 기울어질 염려는 없습니다. 단지 버릇입니다."라고 말합니다. 치료실의 선생님은 "시력이 나빠져 그러한 자세가 되는 것 같다"고 하는데 어느 말이 맞나요?

우선 아동이 3세가 지났다면 **경추관절**의 불안정이 없는지 검사한다. 이미 경추 X-Ray 검사를 했다면 그 결과를 참고한다. '이상 있음'이었다면 그것이 원인이라고 생각할 수 있다. 바로 정형외과 전문의에게 상담을 받아야 한다. '이상 없음'이었다면 다른 원인을 생각해야 한다. 분명히 한쪽 눈의 시력이 다른 쪽 눈보다도 더 좋다면 그 쪽 눈만 계속 사용해서 그 눈을 더 접근시키려고 얼굴을 기울이는 경우가 있다. 안과에서 시력검사를 해 보는 것이 좋을 것이다. 목 근육이 태어날 때부터 딱딱하게 굳어 있는 기울어짐은 없기 때문에 염려하지 않아도 된다.

〈다운증후군 아동의 발바닥〉

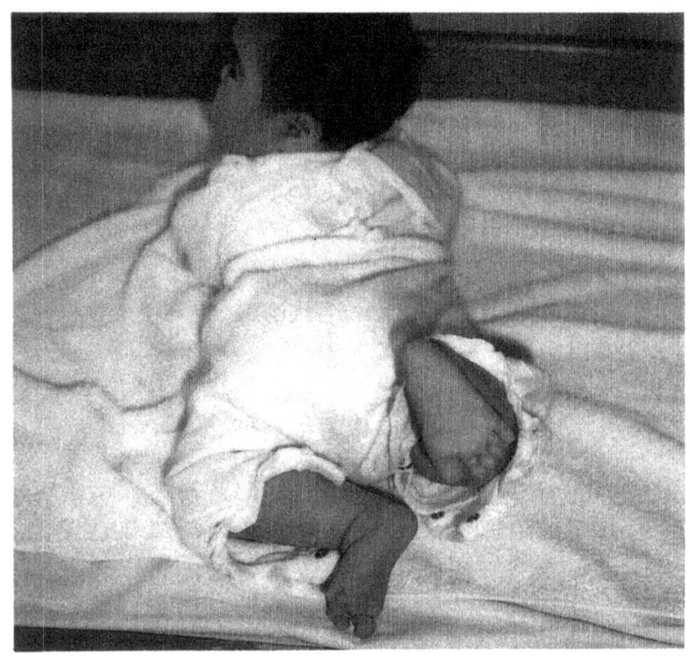

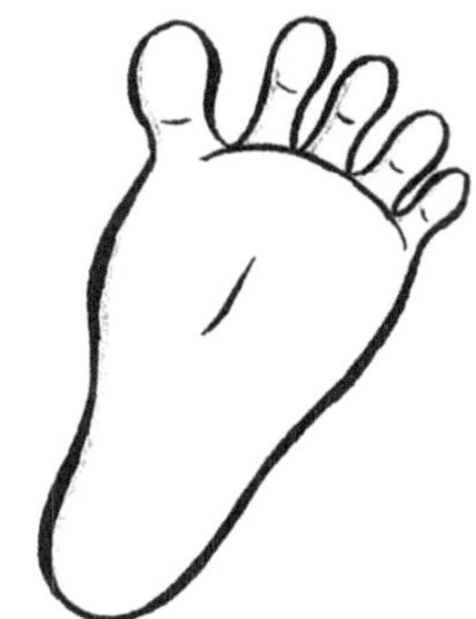

다운증후군 아동

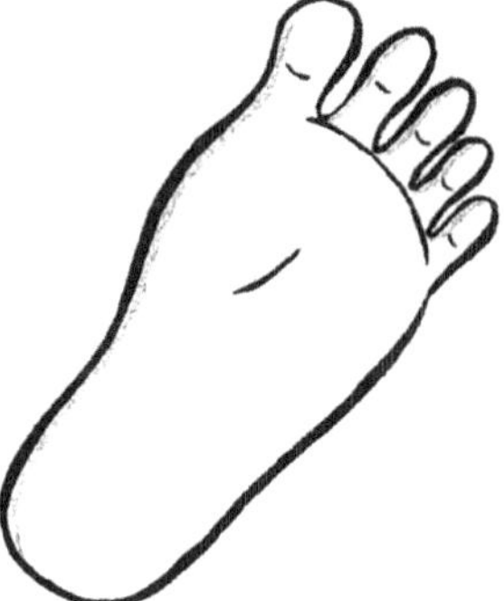

일반 아동

58 생후 5개월인데 목이 흔들흔들 합니다. 검사가 필요한가요?

이제까지 이렇다 할 조기치료나 훈련을 하지 않은 아동이기 때문에 목 근육이 잘 조절되지 않아서 흔들흔들 하는 것이라고 생각한다. **네발기기 체조**나 앞으로 **안기 체조**(64번 항목 참조)를 해 주면 목이 단기간에 고정될 것이다. 뒤집기 운동도 좋은 효과가 있을 것이라고 생각한다. 만약 충분한 조기훈련을 받았는데도 여전히 목이 흔들거리고 불안정하다면 다운증후군 이외에 다른 원인이 있을지도 모르므로 정밀검사를 해볼 필요가 있다. **갑상선 기능 이상**, **선천성 근질환**, **애정결핍증후군**, **영양실조** 등을 조사해 보면 될 것이다.

59 경추검사는 몇 살에 받는 것이 좋을까요?

경추검사는 3세가 되면 받아야 한다. 일반적으로 3세 미만에 **목관절**의 X-Ray 검사를 받는 사람의 대다수는 1년 이상 지나서 재검사를 받도록 지시하고 있다. 또 당연히 3세 미만의 경추조직, 특히 그 위쪽의 돌기 구조는 충분히 골화되지 않은 것이 많아, X-Ray 사진에는 찍히지 않는다. 그런 시기에 X-Ray 검사를 해서 판정을 하는 것 자체가 틀린 것이다.

만일 3세 미만 아이인데 경추압박 증상이 있다고 의심되는 경우에는 어떻게 진단검사를 하는가 하면, 현재는 **MRI**라고 불리는 훌륭한 검사 장치가 개발되어 있다. 그것을 사용해서 경추신경 속의 압박 유무를

화상으로 볼 수 있다. 다만 매우 고가의 기계이고, 꼼짝 않고 신체를 정지해야 함으로 함부로 사용할 수는 없다. 3세 이상이 되면 많은 경우 경추의 골구조가 뚜렷하게 되기 때문에 우선 X-Ray 검사를 하고, 환추와 치상돌기의 거리가 4mm 이상 떨어져 있으면 탈구가 의심된다고 판정한다. 그리고 철저하게 신경학적 검사를 한다. MRI 검사도 필요에 따라서는 한다. 신경증상을 보이는 것은 10mm 이상 떨어져 있는 경우에 볼 수 있다. 완전히 치료하기 위해 경추수술을 받을지 검토한다. 탈구하기 쉬운 관절을 완전하게 수술로 고착시킨다. 그러면 목은 조금밖에 돌아가지 않게 되지만 탈구로 신경장애를 받는 피해에 비하면 아무것도 아니다.

3세부터 4세까지 경추검사를 받아서 '이상 없음'이라는 판정을 받은 경우 나중에는 평생 목 검사를 할 필요가 없는지에 대해서는 의견이 분분하다. 연구자에 따라서는 중학교에 입학하는 즈음에 다시 한 번 검사를 해야 한다고 주장하는 경우가 있다. 30대가 되면 **노화현상**이 있으므로 모든 다운증후군이 다시 검사를 받아야 한다는 사람도 있다. 이상적으로 그 정도의 검사는 받아 두는 것이 좋다고 생각할 수도 있지만 3세경의 필수적인 검사의 의미와는 전혀 다르다.

다운증후군 아동에게는 **경추검사**가 필수적이라고 들었는데 왜 그렇습니까? 60

다운증후군 아동의 뼈나 근육, 힘줄의 발육은 지체되는 경향이 있다. 뼈에는 **칼슘**(apatite 성분)이 충분히 들어 있지 않아 X-Ray 촬영을 한 사진을 보아도 선명한 상이 나타나기 어렵다. 목뼈는 7개의 경추가 모인 것이다. 제1 경추는 도너츠 같은 모양을 하고 있기 때문에 **환추**라고 불린다. 제2 경추는 치상돌기라고 불리는 골구조를 위쪽으로 뻗어서 환추의 내측 공간에 삽입하고, 그 주변은 인대로 튼튼하게 고정시켜서 이것이 제1, 제2 경추관절을 형성하고 있다.

다운증후군 아동은 이 관절구조를 지지하는 힘이 약한 경우가 많다. 그 빈도는 약 15%이다. 너무 느슨하면 관절이 빠지는 소위 **탈구** 상태가 된다. 탈구를 일으키게 되면 걱정스러운 일이 있다. 환추의 공간에는 제2 경추의 치상돌기가 들어 있지만 이 공간에는 그것뿐만 아니라 경추신경속이 들어 있다. 치상돌기가 자유롭게 이동하는 탈구가 있으면 같은 좁은 공간을 공유하고 있는 경추신경속은 강한 압박을 받는다. 신경은 압박을 받으면 마비 또는 사멸한다. 경추로부터 마비상태가 되면 **사지탈구**나 **마비**, **배설기능 실조**(소변이나 대변이 흐르는 상태), 심하면 **호흡정지**를 일으키게 된다. 이런 위험한 상태를 방치해서는 안 된다. 목에 힘을 준 상태에서 머리를 세게 치면 심한 경추 탈구가 생겨서 즉사하는 사태도 생길 수 있다.

그러므로 중등도의 탈구가 있다고 판정된 경우에는 목에 과도한 하중을 주지 않도록 주의해서 생활해야 한다. 중증 탈구가 있는 경우에는 경추신경 속에 어느 정도의 피해가 가는지 신경학적으로 검사해야 한다. **MRI** 검사의 도움을 받는 것이 좋다. 그래서 현실적으로 피해가 있다고 판단되면 외과적 수술로 이 불안정한 관절을 안정되게 바꾸어야 하지 않을까 생각한다. 일본에서는 다운증후군 아동의 이와 같은 목 수술을 한 적이 있는 **정형외과의**가 적지만 열의 있는 프로그램을 실시하는 의료기관이 조금씩 증가하고 있다.

평발이어서 깔개를 넣었는데 선 자세를 보면 엄지발가락이 외반모지가 되어 발목이 안쪽으로 향해 있습니다.

61

이 질문에서는 아동의 연령이 표시되어 있지 않아 회답에 어려움이 있지만, 유아를 대상으로 말하자면 발목관절을 잘 유지할 수 없어서 관절을 삔 듯한 인상을 받는 것이 다운증후군 아동의 발이다. 발목이 쉽게 굽지 않도록 목이 긴 구두를 신겨주고 싶다는 생각이 든다.

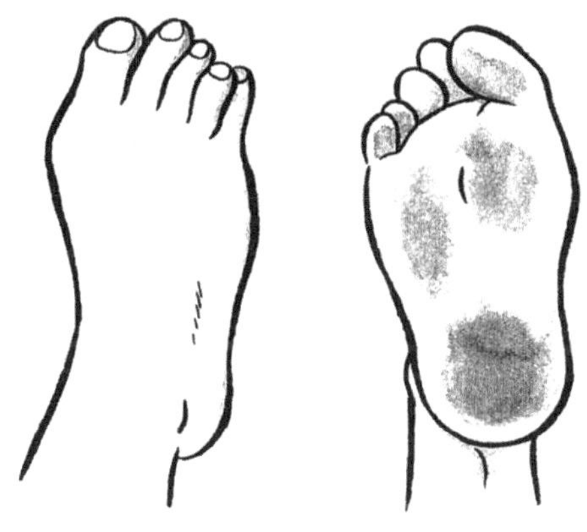

엄지발가락이 삐뚤어짐

발목이 있는 구두를 추천하는 부모도 있다. 고무 밑이 두꺼운 만큼 좋은 반발력을 발목에 주기 때문에 효과적이라고 생각한다. 깔개(insole)를 구두 밑에 깔아서 장심이 형성된 아이가 있다. 그러나 이 경우 깔개를 벗기면 곧 원래대로 되돌아간다. 깔개는 장기간 사용할 목적으로 이용해야 한다. 또한 아동의 발에 맞는 구두를 찾는 것도 중요하다. 보기 좋은 것보다 발가락 특히 **엄지발가락**이 최대한 똑바로 유지되며 발끝의

곡선을 가진 구두가 좋다. 구두 중에서도 발가락 끝을 조금 움직일 수 있는 공간이 있는 것이 좋다. 엄지발가락이 삐뚤어지는 것을 예방하는 구두나 기능성 신발도 판매되고 있다. 심한 경우에는 정형외과 수술을 받는 것도 생각해야 한다.

62 자고 있는 자세를 보면 상반신과 하반신이 가위처럼 둥글게 겹쳐져서 이마를 정강이에 붙이고 자고 있습니다.

전혀 걱정할 필요가 없다. 잘 때는 의식 수준이 저하된 상태이다. 의식은 자세를 유지하는 데 중요한 요소이다. 하루 동안의 인간의 자세를 생각해 보면, 우선 마음 깊숙한 곳에서 (무의식적으로) 어떤 자세를 취해야 하는가를 결정하고, 그 이미지에 따라 신체의 근육에 명령을 내리는 것이다. 좋은 자세는 좋은 마음에서 실현되는 것이다. 잠이 들면 무의식적이든 반의식적이든 계획성 있는 자세를 취할 수 없게 되기 때문에 태어날 때의 긴장 정도가 그대로 나타난다. 다운증후군의 **근긴장**은 원래 낮은 것이 특징이다. 따라서 숙면을 취하고 있을 때는 흐물흐물한 신체가 된다. 그러나 각성한 상태에서는 항상 자세를 어떻게 하는가를 무의식적으로 문답해서 표현하고 있기 때문에 관절과 근육의 관계가 가깝게 되어서 밀접한 움직임이 된다. 자고 있을 때 신체의 부드러움을 각성 시에는 볼 수 없는 이유이다.

제 4 부

훈련과 체조

다운증후군 아동을 위한 아기체조가 있다고 들었습니다. 63

리드믹이라는 음악의 리듬을 사용해서 신체기능 훈련을 하는 이론에 기초하여 고안된 **유아체조** 프로그램이 있다. 이 체조는 목을 가누는 시기부터 막 걸어 다니기 시작한 유아까지 폭넓게 할 수 있다. 일본다운증후군협회(부모회)의 전신인 '어린양 모임' 시대에 고문이던 다카하시(高橋八千江) 선생님이 고안해서 이 회의 활동과 함께 전국적으로 퍼진 것이다. 그 외에도 여러 형태의 유아체조가 있으며 실제로 사용해 보면 이 프로그램에 대해서는 다운증후군 유아가 현저하게 즐거운 반응을 보이기 때문에 필자는 애용하고 있다. 리듬이나 **관절운동**에 대한 자극 방법으로 실제 경험이 풍부한 사람일수록 훌륭한 착안점을 느낄 수 있다. 이 프로그램은 비디오테이프와 해설서가 있다. **일본다운증후군협회**에 문의하기 바란다.

앞으로 안기 훈련에 대해 가르쳐 주세요. 64

다운증후군 유아의 자세훈련 프로그램에서 가장 중요한 부분이 **앞으로 안기** 체조이다. 어느 정도 목을 가눌 수 있게 되면 다운증후군 유아를 뒤에서 껴안는다. 이때 아동의 신체는 직립 상태로 유지하게 하고, 안고 있는 어른의 한 쪽 손바닥에 엉덩이 전체가 걸리도록 한다. 그 손바닥만으로 아동의 체중을 전부 지탱할 수 있으면 아동의 상반신이 쓰러지지 않도록 균형을 잡는다. 그리고 나머지 손을 아이의 겨드랑이

〈앞으로 안기 훈련〉

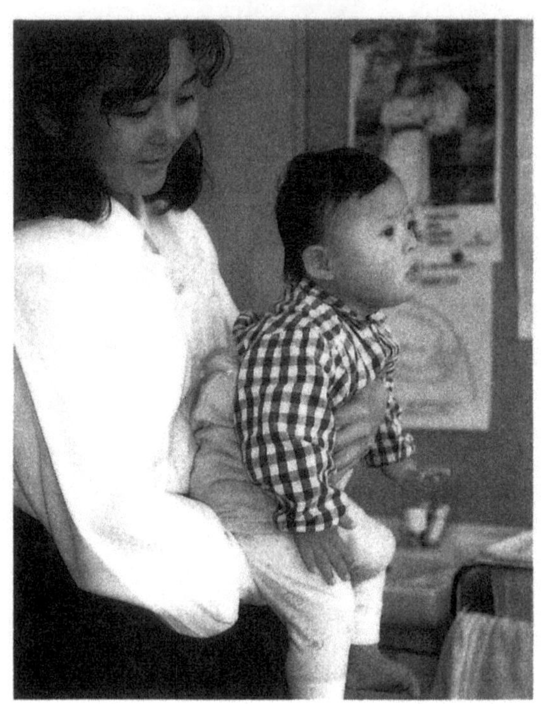

밑으로 넣어서 배꼽 주위를 받쳐 앞으로 쓰러지지 않도록 지탱한다. 그래도 머리가 앞으로 꺾인 위치에 있으면 등이 둥글게 되었기 때문이다. 그런 자세가 되지 않도록 충분히 아동을 바르게 안아 엄마의 배로 아이의 등을 밀어 상체를 펴도록 유도한다.

또 동시에 허리관절을 수직으로 세우고 무릎도 직각으로 굽힌 자세를 취하게 한다. 요컨대 안고 있는 사람의 한쪽 손바닥 위에 아동이 우두커니 앉아 있는 모습을 취한다. 이 자세를 가능한 오래 유지하면서 가볍게 신체 전체를 흔들어서 이쪽 저쪽으로 움직여준다. 4개월이 지난 시점에서 이 훈련을 하면 단시간에 머리가 안정되고 상반신의 직립자세를 취하기 쉽게 된다. 또한 2~3주 계속하면 아동용 의자에 앉을 수 있게 되고, 그 훈련을 마친 뒤에는 계속해서 **서기 체조**를 하는 것도 가능하게 된다.

서기 체조에 대해 가르쳐 주세요. 65

유아기 다운증후군 아동의 자세운동을 보고 있으면 하지, 특히 무릎 관절이 약함을 알 수 있다. 따라서 무릎관절의 굴신운동을 많이 해서 강한 근육을 만들어야 한다. 그런 관점에서 **서기 체조**를 고안했다. 이 체조를 훈련하는 전제 조건은 목이 고정되어 있을 것, 허리부터 상반신이 분명히 직립할 수 있을 것, 발바닥이 바닥에 붙어 있을 것이다. 그 다음에 어른이 책상다리를 하고 앉아 있는 다리 사이의 움푹 패인 곳에 허리를 세우게 해서 훈련을 시작한다. 상반신을 똑바로 세운 자세를 취하고 있는 아동의 양 겨드랑이를 어른의 손으로 뒤에서 받치고 앞으로 밀면 발바닥에 체중이 실린다.

그러면 즉시 또는 약간의 시간차를 두고 아동은 양 무릎 관절을 펴려고 한다. 당연히 상반신은 위쪽으로 가려는 힘을 보인다. 그 힘을 느낄 때만 양 겨드랑이에 있는 어른의 손을 들어 올려서 도움을 준다. 양쪽 겨드랑이가 지탱되고 있으므로 아동은 기세 좋게 서기동작을 할 수 있다. 순간적으로라도 서기가 완성되면 그 후 바로 양 겨드랑이에 있는 어른의 손으로 뒤쪽에서 아동의 몸을 끌어당긴다. 그러면 허리-무릎 관절이 굽고 뒤쪽으로 허리를 떨어뜨리는 동작이 생긴다. 마지막으로 시작할 때와 같은 자세로 되돌아와서 책상다리 사이에 아이의 엉덩이가 걸쳐지고 아동은 그곳에 허리를 걸치고 있다. 그것을 민첩하게 반복한다.

처음에는 선 채로 자세를 계속하지 않는다. 아동이 공포심을 기억할 가능성이 있기 때문이다. 그것보다도 앞으로 서기와 뒤로 앉기 동작을 부드럽게 하며 주저앉아 있는 곳에서 아동의 양쪽 손목으로 박수치는 동작을 하고 칭찬하는 말을 해 주면 좋아할 것이다. 서기동작에 익숙하지 않은 아이에게는 무서운 동작을 한다는 감정이 남아 있을지도 모르지만 박수를 치거나 칭찬받는 것으로 조금은 이 감정(공포심)을 잊어버린다. 한 번에 연속해서 10회에서 20회 정도 반복하면 단시간에 서기 동작을 터득할 수 있다. 막 시작했을 때는 서기동작을 해도 엉덩이만은 뒤에 남아 있는 자세를 취할지도 모른다. 소위 엉거주춤한 자세이다. 이 특징이 눈에 띄는 경우에는 **물구나무 서기** 체조를 충분히 하고 나서 서기 체조를 하면 점차 개선된다.

〈서기 체조〉

① 무릎의 움푹 패인 곳에 앉힌다. ② 앞으로 밀어서 위쪽으로 들어올린다.

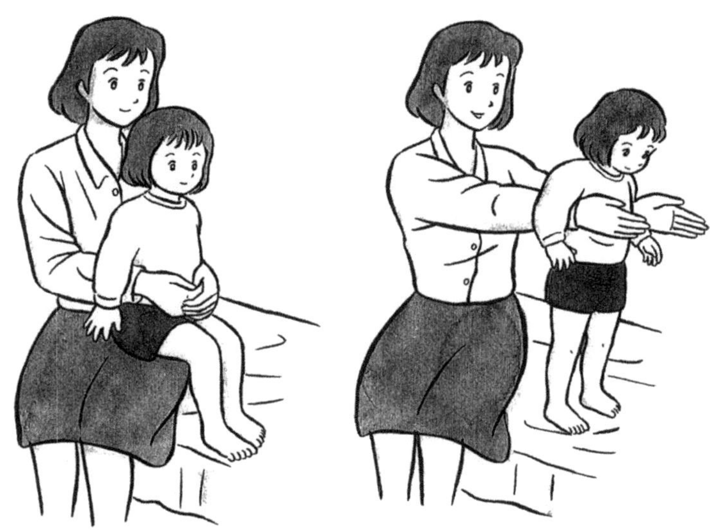

③ 순간적으로 일으켜 세웠다가 앉힌다.

물구나무 서기 체조

66 여러 가지 운동 및 훈련 프로그램이 있다고 하는데 가르쳐 주세요.

분명히 일본에는 여러 가지 훈련방법이 개발되어 소개되고 있으며 각각 효과가 있다고 선전하고 있다. 여러 선택의 여지가 없는 다른 나라의 상황과 비교하면, 이것은 좋은 일이라고 생각한다. 그러나 어느 훈련법이 가장 좋은 것인지 헷갈린다고 하는 부모들이 있다. 이것은 훈련법의 목적을 이해하지 못하기 때문이라고 생각한다. 그래서 생각나는 대로 각 훈련법의 특징을 서술하고 간단한 설명을 붙인다.

우선 **포테이지 지도법**은 보통 일반 아동의 정신운동발달 내용을 세밀하게 단계별로 분석 정리한 프로그램으로, 거기에 맞추어 아동의 발달이 진행되도록 발달 프로그램이 존재한다는 점과 다운증후군 아동도 보통 아이와 같은 일정한 발달패턴을 지나면서 성장발달해 간다는 점이 전제가 된다. 아마 이러한 관점은 거의 틀리지 않는다고 생각된다. 교육을 함에 있어서도 그 아동의 이해력과는 동떨어진 내용의 교육을 해서는 효과를 기대할 수 없다. 그 점에서 아동의 점차적인 발달을 기대하는 부모에게는 목표 설정이 친절한 프로그램이라고 생각한다. 다만 아동을 기른 경험이 풍부한 할머니가 같이 살고 있는 경우에는 할머니의 지식이 이 프로그램과 비슷한 경우도 있다. 영국에서는 다운증후군 가정에서 희망하면 이 프로그램을 가지고 교사가 가정방문을 해서 부모와 함께 아동의 발달을 촉진하고 있다.

보이타법은 순수하게 신체의 신경반사 기능을 이용해서 자세를 잡게 하는 방법으로, 상당히 강한 자세변화를 가해서 신체의 사용법을 체감시키는 훈련법이라고 할 수 있다. 지적발달을 촉진한다는 면은 배려되어 있지 않으므로 보조적인 훈련이다.

보바스법은 보이타법보다 완화된 운동기능 훈련법으로 전신의 관절 운동을 의식시키는 것이 기본이다. 역시 지적발달면의 중재는 없다.

도만(Dorman)방식의 훈련법은 원시반사 자세에서 어느 정도 뇌에서 발신하는 고위의 신경제어 활동을 발달 순서에 따라 신체에 각인시키는 훈련이다. 동시에 세밀한 손끝 작업에 대해서도 고려하고 있으므로 지적운동 조작면에서 다른 운동훈련법과는 다르다.

훈련체조법은 신체의 관절과 근육의 관계를 바람직한 협조관계로 의식시켜서 그 의식을 지속시키는 것으로, 신체의 기능을 발휘시키는 방법이다.

안기법은 안는 사람과 안기는 사람 간의 협조 뿐만 아니라 정서의 교환 등 심리적 소통을 목적으로 하는 훈련법이다.

워싱턴방식은 미국 워싱턴대학 연구소에서 고안된 것으로, 아동의 운동 발달뿐만 아니라 지적 발달면도 함께 교육하는 것을 중시하는 훈련법이다. 종종 그 훈련을 하고 있는 시설에 아동을 데리고 가지 않으면 구체적인 프로그램을 받을 수 없다. 바꿔 말하면 아동의 개성에 맞는 개별지도를 하는 것이라고 생각할 수 있다. 이 프로그램은 운동 기능의 훈련이 약간 부족하다고 생각된다.

유아체조는 문자 그대로 영아기 때 신체의 각 관절을 움직여서 조기부터 신체의식을 가지게 한다. 흔히 신체 활동이 부족하기 쉬운 다운증후군 아기에게 외부로부터 신체를 움직이도록 유도하는 것은 바람직한 일이다.

이상과 같이 주요한 운동 및 훈련 프로그램에 대해 간단한 설명을 했지만 부모가 실제 방문을 해서 자신의 감각에 맞다고 생각되면 그것을 추구해 보는 것이 어떨까 생각한다. 이 훈련법의 중심 인물인 다운증후군 아동을 위한 견해에서 가장 중요한 점은 이구동성으로 “부모야말로 최선의 교사이다."라는 관점이므로 "부모가 아동의 장애에 대해 포기하지 않도록 용기를 주기 위해서 이러한 훈련법이 개발되었다."고 말할 수 있다.

67 재활훈련을 받고 싶은데 1세 6개월이 되어야만 한다고 합니다.

재**활훈련**을 담당하고 있는 곳에서 직접 그렇게 말한 것인가? 아니면 소개를 하는 소아과 의사가 그렇게 말한 것인가? 소아과 의사가 그렇게 말했다면 재활훈련 쪽의 의견은 다를지도 모른다. 한 번 물어볼 가치가 있다. 그러나 재활훈련 담당의사가 그렇게 말했다면 1세 6개월 미만의 다운증후군 유아에게 무엇인가 해 주려고 하는 의욕이 없음을 알 수 있다. 그런 곳에서는 진료를 받아도 시간낭비라고 생각한다.

재활의 본래 개념은 우선 건강한 몸이 어떤 이유로 상처입고, 어떤 중요한 기능이 상실되었으며(장애), 재활훈련을 통해서 다시 그 기능을 회복할 수 있는가하는 것이다. 다운증후군 유아에게 치료교육훈련을 통해서 일반 아동과 같은 단계의 발달을 교육시키는 것은 가능하지만, 처음에 존재하고 있던 기능에서 무엇을 잃어버렸다고 생각될 재활훈련을 받는 것 자체가 그 의료기관에서는 익숙하지 않기 때문일지도 모른다. 다운증후군 아동에게 필요한 것은 **치료교육훈련**이다. 만약 그 재활 시설 내에서 치료교육훈련을 한다면 1세 6개월 미만이라도 시작해야만 한다.

다운증후군 아동의 발달을 촉진하는 프로그램이 있나요? 68

다운증후군 아동에게 자신의 신체를 사용하는 방법을 이해시키는 프로그램은 많이 고안되어 있다. 여러 가지 **훈련 프로그램**에 대해서는 66번 항목에 기술되어 있다. 운동기능을 조기부터 높여 주는 것은 이동범위를 넓게 하고, 지적 호기심을 끄는 물건이 있으면 실제로 탐색해서 체험할 기회가 증가함을 의미한다. 예를 들면 **몬테소리 감각통합 훈련법**처럼 지각신경의 감각과 신체의 운동기능을 보다 잘 통합시켜서 인지능력을 높이도록 작용하는 것도 있다. 이 프로그램에는 각각의 개성적 특징이 있으며, 아동 발달의 어떤 면에 잘 작용하고 있는가에 따라서 선택하고 이용하게 된다. 또한 아동의 상호 발달을 촉진시키기 위해 **통합 교육**의 의의에 대해서도 잊지 않기 바란다.

제 5 부

체질과 질병

다운증후군 아동도 일반 예방 접종을 해도 됩니까? 69

물론이다. 다만 분명하게 체력이 떨어져 있는 아동의 경우에는 주의해서 예방 접종을 해야 한다. 또한 아무리 해도 체중이 증가하지 않는 영양실조 상태에 있으면 예방 접종을 연기해야 한다. 특히 체격이 작은 다운증후군 아동의 경우에는 처음에는 접종량을 줄여서 하는 일도 있다. 종래의 예방 접종에서는 심장기형이 있으면 접종을 금하는 편이었지만, 최근에는 오히려 감염증에 대한 저항력이 없으면 치사율이 높기 때문에 심장기형의 아동이라도 예방 접종을 적극적으로 받는 방향으로 검토하게 되었다. 심장기형이 있는 다운증후군 아동도 이러한 관점에서 불이익(부작용의 가능성)과 이익(감염예방)의 균형을 생각하여 예방 접종을 받을지를 결정해야 한다.

예방접종 중에서 홍역 백신과 수두 백신 중 어느 것을 먼저 맞아야 합니까? 70

어느 쪽을 먼저 해도 관계없다. 백신은 1~2개월 있다가 남은 백신을 맞을 수 있기 때문이다. 그렇지만 수두에 걸리면 약이 있다는 발상은 그 약의 부작용을 생각하지 않은 듯하다. 의사는 자신의 경험에서 얻은 인상을 중요하게 생각한다. 반대로 홍역에 걸리기보다 수두에 걸리는 것이 중증이라는 인상을 가지고 있는 의사도 있다.

71 콧물을 닦아주고 싶은데 닦아 주려고 하면 짓물러서 얼굴을 돌립니다.

콧물은 처음에는 투명한 물과 같은 묽은 점액이다. 그러나 곧 걸쭉하게 된다. 나중에는 덩어리를 형성해서 **코딱지**가 되어 팽 하고 풀어야 한다. 그래서 여기서는 걸쭉한 콧물을 잘 푸는 요령을 배워보려고 한다. 처음부터 답을 말하자면, 콧속까지 연결되어 있는 길고 점액성이 높은 콧물을 종이를 말아서 만든 봉으로 꺼내는 것이다. 콧속에서 나와 있는 콧물의 끝을 소량의 티슈를 말아서 만든 봉 끝에 붙인다. 그리고 그 봉을 천천히 한 방향으로 돌린다. 그러면 점액성이 강한 콧물이 끊어지지 않고 종이 끝에 묻어나오는 것이다. 종이봉을 조금씩 회전시키면서 수평으로 이동시키면 감겨 있는 콧물도 나선형으로 종이봉에 묻어나온다. 그래서 상당히 긴 콧물이 한 번에 제거된다. 바로 코로 숨 쉬는 소리를 들어보자. 이번에는 콧물이 제거되어 분명한 호흡 소리가 들릴 것이다. 지금까지 코 끝에 나온 콧물만을 닦거나 코를 푸는 방법으로는 끝부분에 있는 약간의 콧물밖에 제거하지 못했을 것이다.

72 쉽게 감기에 걸리고, 감기에 걸리면 2~3주 정도 지속됩니다.

다운증후군 아동의 기도 점막은 일반 아동에 비해서 약간 물기가 많기 때문에 염증반응이 일어나면 더 부석부석하게 되고, 분비액이 나와서 원래부터 좁은 기도를 더 쉽게 막히도록 하는 경향이 있다. 또 손발의 온도감각과 조절기능이 조금 떨어지는 것 같다. 그래서 감기에 걸려도 그다지 따뜻함을 찾지 못하는 경향이 있다. 가족의 보호가 필요한 것은 태어나서 5~6세까지이다. 일반 아동과 같다. 그 이후에는 건강해지는 경우가 많기 때문에 그때까지 주의해 주기 바란다.

73 왼쪽 눈이 충혈되어 아래 눈꺼풀까지 빨갛습니다. '인두성결막염'이라고 합니다.

다운증후군 아동은 코 점막에 염증이 생기면 그 증상이 코점막과 연결되어 있는 눈점막까지 확대되어 인두염과 결막염을 함께 보이는 경우가 종종 있다. 인두의 염증이 처음에 있고, 그 후 염증이 확대되어 결막염으로 발전하는 것을 의미한다. 그러나 인두염이 없어도 눈의 점막이 빨갛게 되는 경우가 있다. 그곳에 많은 혈액이 흐르고 있기 때문이다. 예를 들면 코 점막이 과도하게 차가워지면 신체의 조정기능이 움직여서 많은 혈액이 흐르도록 명령을 한다. 그 결과 코도 충혈 되지만 동시에 그와 연결되어 있는 눈의 점막에도 많은 혈액이 흘러서 충혈되는 것이다. 차가운 공기를 마시기 때문에 코 점막이 충혈된다는 것을 알아

두기 바란다.

74 심하지는 않지만 눈 주위가 까맣게 되었습니다.

다운증후군 아동의 신체 전체의 특징으로 전신의 혈액이나 체액(림프액)의 흐름이 걸핏하면 정체되기 쉽다는 것이다. 그래서 신체의 여기저기에서 조금씩 흐름이 지체되는 경향이 있다. 그 때 눈 밑 부분이 부풀어 오르기 쉽다고 알려져 있다. 지나친 울혈이 있다면 검은 색이 나타난다. 평소에 눈 주위가 곰처럼 까맣게 되면 그 상태는 주의하지 않아도 된다. 만약 심장기형이 있는 경우에는 심기능의 상황에 따라서 그것의 규모가 눈에 띄거나 감소할 지도 모른다. 일상생활 속에서 자주 관찰을 해서 변화가 있는지를 본다. 보통 때는 그것이 없었는데 갑자기 나타난 경우에는 피로 등의 원인이 있을지도 모르기 때문에 유심히 관찰해야 한다. 의심이 나면 일단 소아과 의사에게 진찰을 받는 것이 좋다.

75 눈곱이 자주 나옵니다.

다운증후군 아동의 경우 눈곱이 나오는 것이 당연하다고 생각하는 것이 좋다. 그러나 점차 성장함에 따라 눈곱은 줄어들게 된다. 다운증후군 아동의 코와 그 주변의 구조는 일반 아동보다 작다. 코가 낮거나 작고, **내안 각취피**(epicanthal fold)가 출현하는 것은 모두 이 때문이다. 당연히 내부구조도 작다. 눈에서 항상 분비되고 있는 눈물이 흘러서 코 속으로 배출되는 비루관이라는 터널도 작다. 그 관의 벽은 점막으로 되어 있다. 여기에 차가운 공기가 여과 없이 들어온다. 그대로 차가운 공기를 폐로 들여보내면 폐는 염증을 일으키게 된다. 그래서 코의 점막부에서 차가운 공기를 따뜻하게 해 준다. 보통 상태에서 따뜻하게 하는 것은 괜찮지만 점점 더 많은 찬 공기가 들어오면 코의 점막까지 차갑게 된다. 그것을 보충하기 위해서 따뜻한 혈액을 한꺼번에 많이 코의 점막으로 보낼 필요가 있다. 신체는 분명히 그렇게 반응을 한다. 코가 충혈되어 찡한 것도 이러한 메커니즘 때문이다. 점막에 많은 혈액이 흘러들어오기 때문에 점막이 부풀어 오른다. 작은 비루관의 점막도 예외는 아니다. 이렇게 부풀어 오른 점막 때문에 비루관의 내부는 막히게 된다. 그래서 눈물이 흐르지 않게 된다.

다운증후군 아동은 종종 일반 아동보다 더 과민하게 추위에 반응하기 때문에 눈물을 흘리게 된다. 눈물이 비루관 속에 머물러 있으면 그곳에 상주하고 있던 세균이 증식해서 가벼운 염증을 일으킨다. 그 결과 눈곱이 생긴다. 그러나 대단한 세균은 아니기 때문에 이 이상의 악영향은 없다. 그러나 방치해 두어도 좋을지는 생각해 보아야 할 문제이다. 눈곱 덩어리가 생기면 문지르게 된다. 그 결과 부드러운 안구결막과 점막이 상한다. 그러면 새로운 상처에서 **세균감염**을 일으킨다. 이 악순환을 끊기 위해서 항생체가 들어 있는 안약을 사용하면 좋다. 수성 안약을 한 쪽 눈에 한 방울씩 떨어뜨리는 것만으로 충분하다. 눈곱이 없을 때는 사용하지 않는다. 또한 추위가 근본적인 원인이므로 눈곱은 겨울에 많고, 여름에는 거의 없다. 산 근처의 피서지에서 아침 일찍 추운 날씨의 경우에는 여름에도 눈곱이 생긴다.

76 백내장이라고 진단받았습니다.

백**내장**은 안과 의사가 진단하는 질환이다. 투명해야 할 수정체에 불투명한 혼탁(불투명)이 생긴 것을 백내장이라고 한다. 다운증후군의 경우 백내장이 일반 아동에 비해서 잘 걸리는 체질이다. 아기 때부터 생기는 경우도 있다. 사춘기가 되고 나서 진행성이 되는 경우도 있다. 또한 장년기 이후부터 노인성 변화처럼 출현하는 경우도 있다. 백내장은 진단명이다. 그래서 실제 생활에 어느 정도 지장이 있는지는 백내장이 생긴 눈의 내부 구조의 위치에 따라 다르다. 분명하게 대상물을 보는 데 지장이 없는 부분에 생긴 백내장은 큰 의미를 가지지 못한다. 이것이 진행해서 크게 되지 않도록 고려해야 한다. 그러나 작더라도 보는 데 지장을 주는 위치에 있으면 그것을 제거하는 수술을 받을 필요가 있다. 백내장이라고 불리는 변화는 어떤 사람이라도 나이가 들어감에 따라 생기는 것이다. 작아서 시력에 차이가 없는 정도의 백내장은 신경 쓰지 않아도 된다. 다운증후군 아동의 안구를 검사해서 사소한 백내장이 있는 경우에는 그냥 두어도 된다. 그러나 시력 발달에 지장이 되는 백내장이라면 분명하게 대처할 필요가 있다. 그 판단은 안과 의사가 잘 대처할 것이다.

77 안구진탕증이 있습니다.

다운증후군 아동의 **안구진탕**은 아직 해명되지 않은 부분이 있다. 우선 왜 안구진탕이 일반 아동보다 많이 관찰되는가이다. 대개 안구진탕은 수평방면(좌우방향)이다. 이론적 설명으로는 좌우 방향으로 안구를 움직이는 근육이 있는데 그 근육의 조절이 서툴기 때문에 다운증후군 아동의 안구진탕이 자주 눈에 띈다는 것이다.

또한 **중심시야**라고 불리는 시력이 좋은 부분에 마주 보는 물체의 초점을 맞출 때 그것이 정확하게 고정되지 않는 경우도 있다. 중요한 것은 얼굴의 정면에 있는 물체를 보는 경우에 수평 안구진탕이 있는가 하는 것이다. 대개 다운증후군 아동의 안구진탕 상담의 예에서는 이럴 때에는 안구진탕이 심하지 않다. 그것은 안심해도 된다. 일반적인 현상으로 아동의 안구 근육은 미세한 조절이 서툴고 시야의 한쪽에 있는 대상물체를 눈동자만 움직여서 보려고 하면 수평 안구진탕을 일으키기 쉽다는 것이다. 그런 안구진탕이 다운증후군에서는 비교적 길게 나타나도 이상하지는 않다. 이런 안구진탕은 성장함에 따라 가벼워지게 된다.

그러나 문제가 되는 안구진탕도 있다. **상동행동**(예를 들면 손가락을 펴서 입에 대고 의미 없는 말을 하면서 안구를 흔드는 등)을 하는 경우에는 시각의 발달이 불량하게 될지도 모르고, 외부세계에 대한 시각 인지가 충분히 되지 않기 때문일지도 모른다. 발달 전체의 단계와 맞추어 안구진탕이 발달지체와 어떤 관련이 있는지를 탐색해 볼 필요가 있다. 합병증으로 **점두간질**이 있는 다운증후군 아동의 안구진탕일지도 모른다. **발작**과의 관련은 의사에게 물어보는 것이 좋다.

78 내사시인 것 같습니다.

다운증후군 아동은 코의 구조가 작기 때문에 코 위를 덮고 있는 피부가 남아서 눈의 안쪽 부분을 덮게 된다(**내안 각취피**). 그래서 정면에서 얼굴을 보았을 때 눈동자 안쪽에 당연히 있어야 할 흰 결막이 관찰되지 않는 경우가 있다. 마치 내사시 같은 인상을 받는다. 사시란 대개 한 쪽 눈이 보아야 할 대상물을 보고 있지 않는 상태를 가리킨다. 한 쪽 눈만으로 대상물을 보게 된다. 시력을 책임지는 것은 시신경이지만 항상 보는 행위에 관련되어 있지 않으면 점점 위축되어 시력의 저하를 가져온다. 항상 일정하게 한 쪽 눈만으로 보고 있으면 다른 쪽의 눈은 퇴화된다. 사시를 정확하게 발견해서 두 눈으로 대상 물체를 보게 해야 한다.

또 이미 서술했듯이 다운증후군 아동은 내안 각취피가 있기 때문에 종종 **내사시**로 오해받는 경향이 있다. 간단한 판정법이 있다. 아동의 정면에서 사진촬영을 하는데 그 때 플래시를 사용한다. 물론 아동은 카메라에 주목하고 있다. 카메라에 주목하고 있다는 것은 눈동자의 중심이 카메라의 렌즈 정면을 향하고 있는 것을 의미한다. 플래시 빛은 눈동자의 중심에 반사된다. 현상된 얼굴 사진을 보고 플래시의 광점이 두 눈 모두 눈동자의 중심에 있는 경우에는 두 눈을 사용해서 카메라를 주시하고 있었다는 것을 의미한다. 따라서 사시가 아니다. 아무것도 보고 있지 않을 때 두 눈의 방향이 맞지 않는다고 하지만 그것은 다른 것이다. 아무것도 보고 있지 않은 경우에는 어느 방향을 보고 있어도 걱정할 필요가 없다. 눈이 보는 행위를 할 때에 정확하게 본래 방향을 향하고 있는지가 중요한 것이다. 사시는 그런 두 눈의 조절이 되지 않는 상태를 의미한다.

또한 특수한 경우로 **교대성 사시**라는 것이 있다. 한 쪽 눈으로만 보고 있다고 생각하면 다음에는 다른 눈으로 보는 교대현상이 있다. 그 경우 두 눈을 사용해서 보면 좋지만 어떤 사정으로 그렇게 하지 못할 뿐이다. 한 쪽씩 눈을 사용하고 있기 때문에 시력이 저하되는 일은 없다. 언젠가 두 눈을 동시에 사용하는 요령을 익힐 것이라고 기대하고 그냥 두는 것이 좋다. 그러나 안과 의사의 정기검진은 받아야 한다.

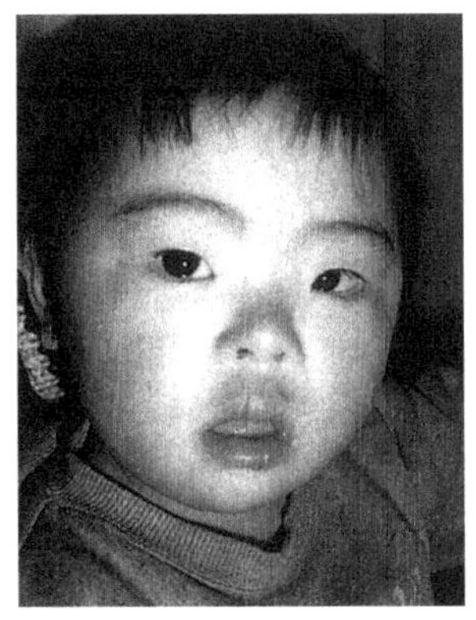

속눈썹이 거꾸로 자라는 다운증후군 아동들이 많은가요? 79

분명히 유아기까지의 다운증후군 아동에서는 **거꾸로 난 속눈썹**으로 진단되는 빈도가 많다. 왜냐하면 내안 각취피가 있기 때문에 눈 안쪽의 속눈썹이 눌려서 안구결막에 닿는 경향이 있다. 다만 흰 결막부분에 닿는 것뿐이라면 걱정하지 않아도 된다. 걱정되는 것은 각막영역에 닿는 속눈썹이다. 계속 속눈썹과 부딪치면 각막의 **상피세포**가 파괴되어 각막의 빛 통과가 왜곡되기 때문이다. 그러면 사물을 정확하게 볼 수 없게 된다. 나아가서는 시력장애를 일으키기 때문에 각막에 걸쳐 있는 거꾸로 난 속눈썹은 반드시 대처해야 한다.

80 잠을 잘 자지 못하는 것 같은데 어떻게 하면 좋을까요?

이 질문도 다운증후군 아동의 연령이 밝혀져 있지 않아서 구체적으로 자세한 답변은 할 수 없지만, 일단 일반적으로 대답한다. 아동이 잘 자지 못한다는 것은 정상이 아니다. 무언가 잘 수 없는 사정이 있는 것은 아닌지 추측된다. 이 경우 신체적 또는 육체적인 이유가 있는지, 심리적 또는 정신적 이유인지를 구별해서 생각해야 한다. 육체적인 이유란 수면상태에 들어 갈 수 없는 고통이나 피로감의 신호가 있는 경우다. 외상이나 할퀸 상처의 유무, 또는 심장기형의 합병증이나 호흡곤란이 있을지도 모른다. 어쩌면 발열 직전인지도 모른다. 변비가 있어서 배가 아플지도 모른다. 또는 평소 항상 낮잠을 자지 않았는데 낮잠을 자서 그날 밤에는 잠들지 못하는 희귀한 사례인지도 모른다.

어떤 경우는 유치원에 처음 가서 아이들 무리에 휩쓸려 마음이 흥분되어 밤이 되어도 사라지지 않는 것일지도 모른다. 이런 첫 체험 때문에 밤에 잠을 자지 못하는 일은 종종 관찰된다. 땀이 나는 상태를 관찰하는 것도 중요하다. 과도한 피로로 인한 경우도 있다. 또는 과도하게 호흡운동 근육을 움직이는 경우도 있다. 그것은 호흡곤란의 직전 상태라는 것을 말한다. 또한 **천식**과 같은 호흡에 관계된 경우도 있다. 청진기를 갖다 대보면 곧 알 수 있으므로 소아과 의사에게 진찰 받으면 좋다. 드물지만 기도에 콩과 같은 작은 물체가 걸려 있는 것이 발견되기도 한다. 그러나 밤에 자지 않는다고 해도 2~3일 지나서 잘 자게 되었다면 크게 염려할 필요는 없다.

사물을 잘 보지 못하는 것 같은데 근시나 약시가 되기 쉬운 걸까요? 81

이 질문에서는 '눈으로 사물을 잘 보지 못한다'는 판단이 어떤 상황에서 내려진 것인지 불분명하기 때문에 구체적인 답변을 할 수 없지만 일반적으로 유아의 시력을 어떻게 판단할지에 대해서는 회답할 수 있다. 가장 확실한 방법은 본인이 좋아하는 영상을 얼마나 가까이에서 보는가 하는 것이다. 항상 눈앞 5cm 정도 앞까지 와서 보거나 보려고 한다면 약시일 가능성이 있다. 이때는 소아안과 의사의 진찰을 받는다. 아동이기 때문에 재미있는 것이 있으면 최대한 접근해서 보려고 한다. 그런 강한 흥미의 대상이 있으면 그 앞에 테이블 등의 장애물을 두어 그 가까이에 오지 못하도록 해 본다.

그러한 장애물이 있어도 상관없이 최대한 가까이 가려고 하면 **약시**일 가능성이 있다. 장애물이 있을 때 점잖게 그 자리에서 보고 즐기면 약시일 가능성은 낮다. 아동의 시각은 성장과 발달에 의해서 변화한다. 처음에는 엄마에게 안긴 상황에서 엄마의 얼굴만 보면 좋아한다. 성장과 함께 시각이 미치는 범위가 확대된다. 밤늦게 아버지가 돌아와서 아동이 곧 알아차린다면, 그 거리가 **시각식별**이 가능한 자리이다. 지각의 발달을 조사하는 데 일상생활의 모습은 매우 좋은 수단이 된다.

82 다운증후군 아동에게는 기형이 많습니까?

통계적으로 보면 합병증으로서의 기형은 현저하게 많다고 말할 수 있다. **심장기형**은 40% 정도로 나타나고, **소화기 계통의 기형**은 5% 정도이다. 심장기형이 보이는 것은 일반 신생아 집단에서 600명에 1명 정도의 출현빈도이기 때문에 다운증후군 아동의 기형은 많은 편이다.

83 심장기형이 있다고 진단받았는데 운동은 피하는 것이 좋을까요?

옛날에는 심장기형이 있다고 진단되면 모든 운동이 금지되었다. 다운증후군 아동도 물론 그랬다. 그러나 경험이 적은 시대에는 그럴 수밖에 없었다. 최근에 이르러서야 겨우 심장기형 환자의 건강관리를 맡고 있는 의사들도 실제생활에 맞는 유연한 지도를 할 수 있게 되었다. 조금만 움직여도 숨이 차거나 **치아노제**(cyanosis: **청색증**)를 일으키는 경우도 있기 때문에 일률적으로 말할 수는 없지만, 증상을 파악하고 있는 주치의에게 상담하면 현실적인 해답을 얻을 수 있을 것이다.

또한 주치의가 허락하는 범위에서 운동을 할 때 본인이 곧 금방 피로하다고 말하고 휴식을 하려고 하는데 그것이 마치 꾀부리는 것처럼 보일 때는 어떻게 대처하면 좋을까에 대한 상담도 자주 받는다. 그 경우 확실하게 꾀부리는 증거가 없으면 아이가 말하는 대로 들어준다. 왜냐하면 **심장의 기능**이 운동과다 때문에 이상해지는 느낌을 본인이 가장 빨리 깨닫기 때문이다. 누구나 알 수 있는 증상이 나타나기 전에 알아서 종종 **심**

부전 상태에 빠지지 않고 회복을 도모하는 것이 좋다고 결정하고 있다. 만약 꾀병이라고 한다면 약게 다른 사람을 속이는 재치를 가지고 있다는 것이므로 괜찮다고 생각한다. 일반 아동과 같이 된다는 의미는 그런 재치를 발휘할 수 있는 것을 의미하기 때문이다.

부종이 심한데요. 84

신체에 진짜 **부종**이 관찰되면 사태는 심각하다. 바로 소아과 진찰을 받아서 원인을 찾아내고 치료를 해야 한다. 그러나 기초질환이 확실하게 관리되어 있고 다른 아동들에 비하여 조금만 부어 있으면 당황할 필요는 없다. 다운증후군 아동의 신체 특징 중 하나이기 때문이다. 아마 태아 때부터 신체 전체에 부종 상태가 있어서 이 체질이 그대로 발현된 것이라고 생각된다. 부종이라는 것은 신체의 피부 밑에 여분의 수분(림프액)이 저장되어 있는 상태이다.

따라서 신체 전체를 잘 움직이거나 자주 마사지해 주고, 가끔 이뇨제를 투여하면 여분의 수분이 체외로 배출된다. 수분이 많은 조직이기 때문에 모기에 물리거나 감염을 일으켜서 염증이 생기면, 그곳에 점점 많은 체액이 모이게 되어 보통보다 더 눈에 띄게 된다. 성기 주변의 피부조직이 부어 있으면 성기가 덮여서 미숙한 성기처럼 보이지만(**함몰성기**, **대음순종장**) 걱정하지 않아도 된다. 눈꺼풀이 부석부석하게 보이는 것도 부종 때문이다. 손발의 피부조직이 통통한 것도 같은 이유이다. 그런 조직에서의 체액의 활동은 비교적 느리고, 냉기에 닿으면 금방 차가워져서 **동상**에 걸리기 쉽다.

85 간질 발작이 있습니다. 나을까요?

간질에 대해 그것을 치료할 수 있는가에 대한 질문인데, 선뜻 치료할 수 있다고 대답하는 것은 불가능하다. 어떤 유형의 간질인가에 따라서 치료될 수 있는 확률이 다르다. 또한 치료방법에 따라서는 치료되는 유형이 있고,치료되지 않는 경우도 있다. 치료된다고 하는 의미는 간질 발작이 없어지거나, 뇌파검사에서 이상이 있던 것이 점점 없어져서 마침내 '이상 없음'이라는 진단을 받고 약도 복용하지 않게 된다는 의미이다. 그런 의미에서 다운증후군 아동의 경우 다른 아동들에 비해서 간질로 진단되어 몇 년 정도 지난 후에 치료되었다고 판정된 케이스가 많이 보고되고 있다. 그러나 그 중에는 **난치성 간질**도 있다는 것을 알아야 한다. 전문의사의 지시를 이해하고 지키면 나을 확률이 높아지지만, 처음부터 난치성 간질이라고 진단된 경우에는 완치 확률이 낮다고 생각하는 것이 좋다.

86 다운증후군 아동은 일반적으로 혈압이 낮습니까?

이 질문에 대답하는 것은 조금 난처하다. 실은 다운증후군 아동들의 혈압 분포를 조사한 자료가 없기 때문이다. 일부 조사에서는 정상범위라든가 저혈압 경향이라는 조사가 있지만 아동의 연령에 따른 정상치라는 것을 결정하는 것 자체가 곤란하다. 다만 항간에 알려져 있는 것으로 고혈압 증세를 보이는 다운증후군 아동은 분명히 적다고 생각된다. 따라서 그 반대현상으로 또는 혈압이 일반 아동에 비해 낮은 경향으로 흐를 가능성이 있다. 물론 확실한 데이터가 없으므로 단정할 수는 없다. 드문 사례이지만 사춘기가 되어 자율신경 실조증처럼 되어 무기력한 상태로 생활하고 있는 다운증후군 아동을 진찰하면, 거의 전부라고 말해도 좋을 만큼 **저혈압** 증세를 가지고 있다. 어느 쪽이 원인인지는 불분명하다.

탈모증이 생겼는데 스트레스가 원인일까요? 87

다운증후군 아동에게 탈모증은 의외로 많다. 전면적으로 모든 머리카락이 빠지는 것에서부터 극히 일부만 탈모되는 것까지 여러 가지이다. 조금 있으면 머리카락이 다시 생겨나서 원래대로 되는 일도 있지만 계속 벗겨진 채로 있는 경우도 있다. 그 원인이 스트레스에 의한 것인지는 **탈모증**이 생긴 시점으로 거슬러 올라가서 생활내용을 자세하게 체크하지 않으면 안 된다. 알레르기 반응과 관련된 경우도 있고 자신의 면역 현상과 관련된 경우도 있다. 갑상선 기능 이상이 있는 경우도 있으며, 아토피성 피부염이라고 진단되고 있는 아동도 있다.

또한 아연 결핍증으로 생길 가능성도 있다. 원래 다운증후군 아동의 혈중 아연농도는 낮은 경향이 있기 때문에 탈모증이 있는 경우에는 반드시 **혈중 아연농도**를 측정할 필요가 있다. 그 이외에도 영양의 편중에 의한 비타민 부족으로 탈모증이 생겼을지도 모른다. 발모제를 사용하는 데도 장점과 단점이 있다. 중국에서 개발된 발모제가 일시적으로 붐을 일으켜서 다운증후군 아동에게 사용해서 머리가 나서 좋아했는데 바로 모두 빠져버린 사례가 있다. 이유는 잘 알 수 없지만 발모제로 무리하게 모세포를 자극하였기 때문에 지속성이 없어져서 다시 탈모된 것이 아닌가 생각된다. 우선 여유를 가지고 치료를 시작하는 것이 좋다고 생각한다.

88 변비가 있는데 좋은 방법이 없을까요?

변비를 결코 간과해서는 안 된다. 다운증후군 아동의 건강관리 면에서 변비는 최대의 적이다. O157 대장균을 끄집어 내지 않아도 목숨에 관계된 중대한 질환이다. 딱딱한 숙변이 대장 내에 저장되어 있어서 점막조직이 손상을 받고 그 상처로 세균이 침입한다. 또한 장 내에서 증식한 세균의 독소가 혈관으로 침투해서 신체 전체로 퍼져 **전신권태감**, **소화관의 불완전한 연동운동**, **식욕부진**, **복통**, **불면** 등을 일으킨다. 변비의 원인은 여러 가지다. 다운증후군은 변비의 빈도가 높은 편이다. 왜 그런지 확실하게 설명할 수 없지만, 복통이 약하다는 것과 소장운동이 불규칙하거나 자율신경 기능에 결함이 있기 때문이라고 추측하고 있다.

대처방법으로는 우선 딱딱한 숙변이 되지 않는 음식을 많이 섭취하는 것이다. 부드러운 식물성 섬유질 섭취를 권한다. 일정한 시각에 배변하는 습관을 익히는 것도 중요하다. 배변기를 느낄 때 참으면 다음에 좀처럼 배설하기 어렵게 된다. 바로 변기에 앉을 수 있도록 시간적으로 여유 있는 생활을 하려고 마음먹는 것이 좋다. 오래된 변비에는 투약이 필요하다. 부드러운 효과를 원하면 소건중탕(한방)이나 정장제가 좋다. 강한 효과를 원하면 라키소베론액, 대황이 배합된 한방약을 사용한다. 사전에 사용방법에 대한 설명을 잘 듣고 사용한다. 그러나 이러한 노력에도 불구하고 변비상태가 4일 이상 계속되면 관장을 해야 한다. 배변 시에는 하복부를 손으로 눌러서 대장 내의 숙변이 충분히 배출되도록 한다. 항문점막이 끊어져서 아픈 경우에는 항생물질의 연고를 발라두면 기름 성분으로 마찰에 의한 통증은 없을 것이다.

젖을 빠는 힘이 약합니다. 89

아기가 젖꼭지를 입에 대고 모유(또는 우유)를 먹는 모습은 마치 빠는 것처럼 보이지만 사실은 상하의 입술과 잇몸으로 젖꼭지를 물고 훑고 있는 것이다. 그리고 혀의 운동도 함께 이루어진다. 혀뿌리가 부드럽게 움직여서 목 속에 낮은 공간을 만들고 거기에 액체가 흘러가도록 유도한다. 그 운동이 잘 협동해서 움직이면 빠는 힘이 강하게 된다. 입술을 움직이는 근육의 힘이 약하면 빠는 힘도 약하게 된다. 또한 턱 힘이 약하면 빠는 힘도 약하게 된다. 혀가 잘 움직이지 않으면 빠는 힘은 약하게 된다. 혀뿌리가 딱딱하면 같은 모양이 된다. 다운증후군 아동에게는 이러한 요소의 어딘가가 약할 가능성이 항상 존재하고 있다.

추우면 손발에 얼룩무늬가 생깁니다. 냉증인가요? 90

냉증이라고 결정하기는 어렵지만 추위에 민감하다고는 생각된다. 피부가 냉기에 닿으면 체온을 빼앗기지 않으려고 신체 조절기능은 따뜻한 혈액을 피부표면에 많이 흘려보내지 않으려 한다. 가는 동맥이 수축해서 모세혈관으로의 혈류량이 감소하면 주변 조직에 혈액이 모자라게 되고, 비교적 굵은 모세혈관만 혈액을 많이 운반하기 때문에 그 그물눈 모양이 두드러져 보이게 된다. 그것이 **얼룩무늬 현상**이다. 만약 이 현상이 오래 지속되면 냉증의 경향이 있다고 생각할 수 있다. 건강한 조절기능이 이루어지면 점차 과민한 세동맥 수축 반응도 수습되어 서서히 혈류가 회복될 것이다. 또한 차가운 감각을 뇌중추가 지각해서 신체를 따뜻한 장소로 이동하도록 작용한 것이다. 그런 활동이 없는 것도 냉증의 특성이다.

91 다운증후군 아동은 냉증이 많다고 하는데 정말입니까?

다운증후군 아동의 전부가 **냉증**은 아니지만 일부 아동은 심한 냉증 현상을 가지고 있다고 생각된다. 그 특징으로는 가을부터 겨울에 걸쳐서 온도가 저하되면 손발 전체가 항상 차가워져 있다. 또한 입술이 건조해 있고, 결국 점막조직이 갈라져서 출혈이 일어난다(94번 항목 참조). 동상에 걸려 있는 경우도 있다(93번 항목 참조). 그런데도 양말을 신기면 싫다고 하며 바로 벗어버린다. 겨울의 추운 밤에 요나 모포를 덮어 주고 재우면 일부러 곧 차버리고 얇은 옷만으로 자고 있다. 더 심한 경우에는 요에서 자다가 기어 나와서 벽이나 복도 마루처럼 차가운 곳에 이마를 대고 자고 있는 일이 종종 있다. 그리고 아침이 되면 반드시 콧물을 흘리고 기침도 한다. 아무리 꾸짖어도 그것은 고쳐지지 않는다.

그 원인은 냉증 체질에서 찾을 수 있다. 냉증 체질이란 신체의 일부,

특히 말단을 따뜻하게 하면 오히려 신체 전체가 체온이 오르게 된다. 겨울에도 이마에 땀을 자주 흘린다. 즉, 자율신경 반사가 잘 활동하고 있지 않는 것이다. 자율신경이 체온을 잘 조절하지 못하기 때문에 손발과 신체의 온도차가 크게 난다. 이것을 단기간에 정상화하는 것은 곤란하다. 1~2년에 걸쳐 치료해야 한다(95번 항목 참조).

손톱이 갈라지기 쉬운데 왜일까요? 92

다운증후군 아동의 신체의 혈류를 관찰해 보면 손발의 끝부분에 혈류가 부족하다고 생각되는 일이 종종 있다. 물론 모든 다운증후군 아동이 그렇다는 의미는 아니다. 그 증거로는 손가락 끝의 온도가 낮다든가, 피부가 건조하다든가, 손톱이 얇다는 것이 있다. 혈류가 지체되면 영양공급이 적기 때문에 피부가 조금 쭈글쭈글해도 이상한 것이 아니다. 손톱도 얇아진다. 충분한 단백질 형성이 되지 않은 손톱이기 때문에 건조에 약하고, 손가락 끝의 활동에 따라서 손톱이 갈라지기 쉬운 것은 당연하다.

이 경우 손발이 차가워지지 않도록 일상생활에서 주의가 필요하다. 손발의 말단까지 혈관을 확장시켜서 따뜻하게 하는 효과가 있는 한방약을 사용하는 것도 좋다. 아연부족 때문에 피부조직이 충분히 형성되지 않을 가능성도 있기 때문에 한편으로는 **혈중 아연농도**를 측정해서 대처해야 한다. 혹은 진균감염증이 있을지도 모른다. 그 경우에는 곰팡이를 죽이는 약을 처방하는 것을 포함하여 피부과 의사에게 상담해야 한다.

93 발바닥에 동상이 걸려 있습니다.

91번 항목의 질문에 대한 답변과 같이 다운증후군 아동의 체질적 특징으로 손과 발의 끝부분이 차게 되기 쉽고 한 번 차가워지면 따뜻해지기 어렵다는 것이 지적된다. 물론 모든 다운증후군 아동이 그런 것은 아니다. 그러므로 **동상**에 걸리기 쉽다는 것을 이해할 수 있을 것이다. 그러나 발바닥에 생긴 동상의 경우에는 다른 요소와도 관련되어 있을 수 있다. 소위 젖은 발이라는 것이다. 발바닥에 땀이 많이 나서 겨울에는 특히 차가워지기 쉬운 것이다. 또한 신고 있는 구두 밑이 조금 변형되어 발바닥의 특정 장소만 하중을 받아 못이 박힌 경우가 있다. 그런 상태의 피부조직은 혈류가 더욱 부족하기 때문에 동상에 더 걸리기 쉽다. 치료 방법으로는 항상 발 전체를 보온하도록 한다. 구두 밑이나 양말의 습기가 많은 경우에는 건조한 상태가 오래 지속되도록 배려한다. 사지 끝에 충분한 양의 유성분을 발라 주는 것도 좋다. 딱딱한 피부조직이 생기면 그곳을 부드럽게 하는 약(스필고약 등)을 붙여 본다.

94 겨울이 되면 입술이 자주 갈라져요.

이 질문은 영아기의 다운증후군 아동을 기르고 있는 부모들이 잘 알아두기 바란다. 이 증상의 유무에 대해서는 정확하게 대답할 수 있어야 한다. 왜냐하면 겨울에 입술이 갈라지는 현상은 그 아동이 추위에 약하다는 것을 가리키고 있기 때문이다. 겨울에 입술이 갈라져서 출혈까지 보이는 것은 흔하다. 이 현상이 없는 아동은 추위에 약하지 않다고 받아들여도 좋을 것이다. 그러나 겨울에 입술이 갈라지는 아동이라면 어떻게 접근하면 좋을까?

대답은 물론 추위에 지지 않도록 체질개선을 도모하는 것이다(95번 항목 참조). 입술이 갈라지는 것은 그 모세혈관이 막혀서 혈류가 끊기기 때문이다. 혈관이 막히는 현상은 냉기에 닿았을 때 혈관수축 반사와 모세혈관 내의 **적혈구**가 굳어지는 현상이 서로 어울려서 일어난다. 게다가 입술과 같은 점막조직의 모세혈관은 다른 신체부위가 차가워져도 **혈관수축 반응**을 일으킨다. 특히 다운증후군 아동은 손발의 끝이 차가워지는 것이 주된 원인이 되는 듯하다. 겨울에 손과 발을 항상 따뜻하게 유지하게 함으로써 입술이 갈라지는 것을 방지할 수 있다. 입술에 립스틱 같은 연고를 바르는 것만으로는 좋은 효과를 볼 수 없다.

냉증의 치료방법에 대해 가르쳐 주세요. 95

손발이 차가워도 신체가 그것을 바로 알아차려서 따뜻하게 하는 혈관반사나 행동이 일어나면 **냉증**이 아니다. 선천적으로 이 혈관반사가 둔해서 항상 차가운 채로 있는 것이 냉증이다. 본인도 이미 익숙해져서 손발이 차가워져 있는 것을 알지 못하는 것 같다. 그래서 원래 손발이 차가워지면 빨리 난로나 따뜻한 물로 손발을 따뜻하게 하는 것이 좋은데 그런 행동을 하지 못한다. 이것을 반대로 시키는 것이 치료가 된다. 즉, 우선 처음에는 손발이 차가워지지 않도록 생활을 개선한다. 온돌난방도 좋다. 가을에서 겨울까지 실내에서 노는 경우, 조금이라도 신체를 움직이지 않으면 차가워지는 것이 당연함으로 그 장소에 전기 카펫을 깔아서 그 위에서 놀도록 하는 것도 좋다. 추운 방에서는 아무리 전기스토브를 사용한다 해도 스토브 쪽으로 향한 신체 쪽만 따뜻해져서 땀이 나고 반대쪽은 차가워진다. 그러면 감기에 걸리기 쉽다. 방 전체를 알맞게 난방하는 것이 이상적이다.

가을에 운동회가 있으면 실외에서 연습하게 되므로 아동은 신체의 구석까지 차가워져서 돌아온다. 얼굴이나 손발을 만져서 너무 차가워져 있으면 바로 따뜻한 물에 들어가도록 하는 것이 좋다. 목욕이 바람직하고 샤워는 그다지 효과가 없다. 목욕 후 한기를 걱정하는 사람도 있는데 집이 추우면 그렇게 된다. 하지만 난방이 잘 되어 있으면 그런 걱정은 안 해도 된다. 아동이 아침 일찍 일어나 보니 엄마는 인사 대신 우선 아동의 손발을 만지고, 차가워져 있지 않은지 체크한다. 차가워져 있으면 무엇보다 우선 따뜻하게 해 준다. 문지르는 것도 좋고, 전기 스토브로 따뜻하게 해도 좋다. 그러고 나서 아동을 자유롭게 놀게 한다. 손발에 따뜻한 감촉을 느끼고 하루 생활을 시작하면 아동은 자신의 손발이 차가울 때 그것을 의식할 수 있다. 그리고 언제나 스스로 따뜻해지려는 움직임을 하게 된다. 냉증을 방치하는 것은 평생 온도저하에 대한 자신의 피부감각을 둔하게 한다.

어린이집이나 유치원에서 **냉증**인 다운증후군 아동을 갑자기 얇게 옷을 입히는 일이 있는데, 이것은 냉증을 고착화시키는 일이다. 유치원에서도 우선 위와 같은 주의를 해서 1~2년간 가을이나 겨울에도 입술이 갈라지지 않고 그 시기를 보내면, 심한 냉증에서 벗어난 상태라고 보고 조금 얇은 옷에 도전해도 좋을 것이다. 그러나 겨울에 다시 입술이 갈라지면 다시 되돌아간다.

병원에서 "이런 아이는 땀을 흘리기 쉽다."고 하는데 다운증후군과 관계가 있습니까? 96

다운증후군 아동이 모두 땀을 흘리기 쉽다는 표현은 현실적으로 적합하지는 않다고 생각한다. 반대로 피부가 항상 건조하게 보이는 아동도 있다. 한편으로는 땀이 많이 나는 아동이 있는 것도 사실이다. 그 원인으로 **비만**, **갑상선 기능 이상**, **심장기형** 합병증이 있을 수 있지만 단순히 땀을 많이 흘리는 아동도 있다. 왜 "이런 아동은 땀을 많이 흘린다."고 말했는지 담당 의사에게 묻지 않으면 알 수 없다. '이런'이라는 정해진 표현을 의사가 하는 것 자체가 적절하지 않다고 생각한다. 아동 각자의 개별적 특성에 따른 의학적 해석과 지도를 해야 한다.

충치를 치료하고 싶은데 일반 치과의사라도 괜찮을까요? 97

원칙적으로는 **충치**를 치료하려면 그 치료에 정통한 치과의사에게 가는 것이 좋다. 즉, 일반 치과의사라도 괜찮다. 다운증후군 아동의 치아에 대해서 정통하지 않다고 해서 곤란할 일은 그다지 없다. 만약 그런 경우가 있다면 보통 치과의사가 분명히 그런 의사를 소개해 줄 것이다. 치과의사 선택에서 유의할 점은 아동의 기분을 살펴가면서 치료를 해 주는 여유 있는 치과의사를 찾아야 한다는 것이다. 그곳에서 일하는 간호사가 아동을 달래는 것이 능숙하면 치과의사가 무뚝뚝해도 관계없다. 아동을 잘 다루는 치과의사에게는 아동 환자가 모이기 때문에 점점 아동의 기분을 잘 알아서 진료하게 된다.

우리나라 다운회에서 추천한 치과의사를 찾아가는 것도 좋은 방법이다.

98 치아가 어긋나 있는데 교정을 해야 할까요?

다운증후군 아동의 치아가 나는 패턴은 일반 아동에 비해서 순서가 바뀌거나, 이가 결손되거나 미숙한 **에나멜층**이 형성되기 때문에 부모는 매우 걱정하게 된다. 그러나 치아는 하나만으로 충분한 것이 아니다. 가지런히 모여서 음식물을 자르거나 **저작기능(씹는 기능)**을 하게 된다. 하나가 결손 되었다고 해서 심각한 문제를 일으키는 것은 아니다. 치아의 교정이 요구되는 경우에는 이런 기능이 손상받을 가능성이 높은 경우이다. 정확한 **교합(상하 치아의 맞춤)**이 가능하도록 교정한다. 그와 같은 판단을 위해서 유치가 나는 시기에 소아치과병원에서 진찰받는 것이 좋다고 생각한다. 최근에 지역마다 장애인 치과진료를 전문으로 하는 병원이 늘어나고 있다.

99 침을 심하게 흘리는데 그냥 두어도 괜찮을까요?

침을 흘리는 원인에 따라 다르다. 침은 입과 비강 속에 항상 흐르고 있는 수액과 점액의 혼합이다. 이 유입은 끊이지 않고 생기는 것이 정상이다. 그러나 흐르는 양보다 마시는 양이 적으면 입에서 흘러나와 침이 된다. 침이 흐르는 양이 많은 경우란 비염이나 치아가 나올 때, 식욕이 당기는 경우이다. 마시는 양이 적은 경우는 **인후염**이 있어서 마실 때의 통증 때문에 마시기 싫어하거나 혀뿌리의 활동이 굳어져 있기 때문에 항상 원활하게 마실 수 없거나, 목의 이물감이나 통증이 느껴지는 경우이다. 이러한 하나하나에 대해서 검토하고, 원인을 밝혀냄으로써 그 영향이 크면 치료를 준비하고, 영향이 크지 않으면 내버려 두어도 된다. 그러나 침이 볼에서 턱까지 항상 고여 있기 때문에 심한 **안면습진**이 생기는 경우도 있으므로 피해 상황을 잘 파악해 두어야 한다.

편도선이 작다고 합니다. 100

일반적으로 아동의 질환 중에서 가장 많은 것이 **편도선염**이다. 대개가 **편도선 비대**를 수반하고 있다. 그러나 다운증후군 아동에게서는 편도선이 그다지 크지 않다는 인상을 받을 수 있다. 편도선이 비대하게 커져 있는 경우를 본 적이 없다. 그렇지만 이비인후과 의사에 의하면 다운증후군 아동에게도 큰 편도선이 있어서 종종 염증을 일으킨다고 한다. 어느 쪽이 맞는지 확증은 없다. 그러나 이 질문처럼 편도선이 작다고 특히 주의할 것은 없다.

101 혀를 자주 내미는데 무슨 원인이 있는 것일까요?

다운증후군 아동은 혀를 내밀고 있는 인상이 강하다. 항상 내밀고 있는 아동도 있다. 그 경우 혀는 구강에 들어가지 않을 만큼 큰 것도 있다. 왜 큰 지는 개별적으로 조사해 볼 필요가 있다. 또한 상하의 턱이 작기 때문에 생기는 경우도 있을 것이다. 혀를 손으로 쥐고 놀았기 때문에 혀조직 전체가 부석부석해진 경우도 있다. 특히 주목할 것이 **혀뿌리** 부분이 유연성을 잃어서 혀가 입으로부터 나온 상태가 고정된 경우이다. 혀뿌리의 이 유연성에 대한 진단은 전문의가 있기 때문에 한 번은 꼭 고려해 볼 필요가 있다. 만약 혀 전체를 활발하게 움직일 수 있어서 입에 완전히 넣을 수 있으면 입 밖으로 나와 있는 것은 큰 문제가 되지 않는다고 여겨진다. 아마 혀를 움직여서 놀이를 하고 있는 거라고 생각된다. 입술 주변의 피부감각이 민감하기 때문에 같은 민감한 혀로 대어 자극을 즐기는 것이다.

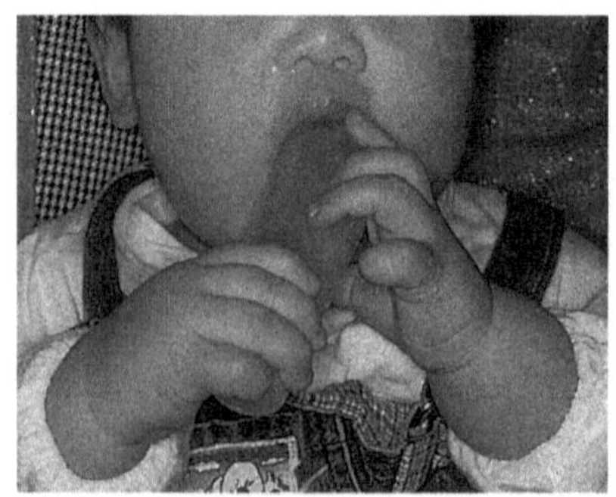

혀 내밀기를 제어하는 방법은 없을까요? 102

다운증후군 아동의 혀 내밀기 상태를 보고 품위가 없다고 생각할 수 있다. 사회적 예의에 어긋나는 행위라고 보기 때문에 억제할 수 있도록 노력하는 것은 필요하다고 생각한다. 그러나 앞에서도 기술했듯이 혀를 내밀어서 얻는 생리적 제약이라는 경우도 있다. 그 속에서 치료를 하면 일부 또는 전부를 해소할 수도 있다. **혀뿌리**의 활동이 고정되어 혀가 나오는 경우(**설근유착증**), 혀뿌리에 대한 외과적 수술이 유효한 경우가 있다.

또한 점착성의 작은 덩어리를 단기간 동안 윗턱 천장에 접착시켜서 그것을 느끼게 하여 혀가 들어가는 것을 기억시키는 방법도 유효하다. 또는 자아의식에 눈뜨고 있으면 잘 생긴 남자나 예쁜 여자에 대한 기본 에티켓을 말하고 "입을 다물고 있는 사람은 잘 생겼지만, 입을 벌리고 있는 사람은 못생겼다."라는 평가를 듣는 것으로 혀넣기를 습관화 할 수 있다. 가끔 혀 자체가 커서 내밀고 있는 경우가 있는데 성형외과적 수술로 혀의 주변조직을 절개해서 넣게 할 수도 있다.

설근유착증에 대해서 알려 주세요. 103

혀**뿌리**는 목의 깊숙한 곳에 있다. 이 근육이 딱딱한 상태가 되면 혀의 미세한 활동이 제한된다. 혀의 활동 자체도 제한되고, 말을 하기 위한 주변 근육의 수축과 이완 협응동작도 잘 되지 않으며, 음식물을 마시는 동작도 어색해진다. 또한 뒤로 누워 있으면 **혀뿌리**가 중력으로 인해 기도로 떨어져서 막힌다. 건강한 경우에는 반사적으로 혀뿌리의 근육이나 주위의 근육을 수축시켜서 공기가 통하는 길을 확보할 수 있지만, 굳어진 상태에서는 그것도 제대로 되지 않는다. 영아기 때부터 코를 골거나 때때로 숨이 막히는 동작을 하는 경우, 이와 같은 가능성이 있다고 의심된다. 원인은 불분명하지만 아마 태아기 때부터 혀뿌리 조직 전체에 혈류가 지체되어 활동할 수 없게 된 것으로 추측된다. 근육조직의 특징으로 인해 오래 사용하지 않으면 선유(線維)가 증식해서 전체가 딱딱하게 된다. 설근유착증의 상태는 다운증후군 아동에게 많이 보이기 때문에 혀뿌리 전체의 원활한 활동의 회복을 목표로 해서 치료할 수 있다. 혀의 안쪽에 메스로 절개를 해서 활동을 돕는 방법이다. 일본에서는 생소한 것으로 이 치료법을 포함한 **설근유착증** 자체도 소아과 학회의 판단에 의해 없어지게 되었다. 과학적인 검증을 통한 판단이라면 괜찮지만 그런 절차는 충분히 행해지지 않았다. 필자는 임상가로서 효과가 있을 가능성이 있다면 검토해야 한다는 입장이다. 현실적으로 설근유착증 전문의에게 소개한 사례의 대부분은 좋은 결과가 있었다고 가족으로부터 연락을 받았다. 주관적인 판단이기 때문에 과학적 근거는 없지만 검토할 필요가 있다고 생각한다.

104

뇌간반응 검사에서 고도 난청이라는 진단을 받았습니다. 벌써 눈앞이 캄캄합니다. 난청아는 말을 할 수 없나요?

이 질문의 내용을 보면 사실 복잡한 문제가 포함되어 있다. 첫째는 **뇌간반응 검사**의 신뢰성 문제이다. 그 다음은 난청이 있는 경우의 장래 전망에 대한 것이다. 순서대로 대답하기로 한다.

우선 뇌간반응 검사는 음향자극이 뇌중추에 닿을 때 생기는 뇌파의 변화에 기초해서 청각이 어느 정도 예민한가를 추정하는 검사이다. 일반적으로는 수면상태에서 뇌파를 잡으면서 양쪽 귀에 헤드폰을 끼고, 한쪽에서 세기가 다른 음향을 내어 반응을 본다. 30데시벨(dB) 정도의 음까지는 반응이 없어도 정상범위이지만 그 이상의 음에서 반응이 보이지 않으면 난청이 의심된다. 그러나 다운증후군 아동의 경우 이상한 현상이 나타난다. 이 검사에서 고도난청이라고 판정되었으면서도 실제 생활에서의 모습을 보면 작은 음향에도 민감한 반응을 보이는 아동이 많다. 검사에서는 난청인데 실생활에서는 난청이 아닌 것이다. 또한 영아기에 고도난청이라고 진단된 다운증후군 아동의 대부분이 몇 년 후에 재검사를 해 보면 정상 결과가 나온다는 것이 밝혀졌다. 보통 아이에게 난청이라는 판정이 나오면 그 아이들의 대부분은 몇 년이 지나도 난청인 경우가 대부분이다. 그러므로 다운증후군 아동을 뇌간반응 검사에서 난청이라고 결정하는 것은 신중해야 한다. 실생활에서 난청이 아닌 경우에는 난청이 아니라는 전제를 가지고 생활해 가도록 한다.

다음으로 만약 진짜 난청이라면 어떻게 할까? **중이염성 난청**이라고 판명된 경우에는 가능하면 빨리 치료를 받게 한다. 원인불명의 난청이라고 알려진 경우에도 지능발달이나 정서발달 수준을 언어 이외의 면으로 추측해서, 만약 보통 다운증후군 아동의 수준에서 벗어나지 않는다고 추정되면 음성언어 이외의 교육적 자극을 이용해서 의사소통을 한다. 음성이 없어도 머릿속에는 **내적 언어**라고 불리는 언어가 있기 때문에 그것에 자극을 준다. 즐거운 체험을 함께 하는 것으로 의사소통을 하게 되는 것이다. 지적 호기심을 충분히 길러 주면 장래에는 일반인과 같은 발화 연습도 가능하게 된다. 고도난청이라고 진단될 만큼 절망적이 되기에는 아직 이르다.

105

다운증후군 아동의 합병증인 중이염에 대해 알려 주세요. 다운증후군 아동에게 많습니까? 치료는 어떻게 합니까?

다운증후군 아동에게 보이는 중이염은 크게 나누어 **화농성(化膿性) 중이염**과 **침출성(浸出性) 중이염**으로 분류된다. 화농성 중이염은 세균감염 등을 일으키기 때문에 조직이 파괴되어 많은 백혈구가 모여서 화농현상을 일으키는 것을 가리킨다. 치료는 당연히 주원인인 세균감염을 퇴치하는 것이다. 그 세균에 유효한 항생물질을 투여해서 치료한다. 일반적으로 세균감염에 의한 화농성 중이염은 심한 통증을 수반하고 발열도 있다. 목이나 안구결막도 충혈되어 아프고 림프선도 붓는다.

하지만 침출성 중이염은 화농변화가 없으며, 많은 백혈구가 동원되는 일도 없다. 투명한 체액이 점막표면에서 흘러나와 굳어진 상태이다. 냉기에 닿으면 바로 콧물이 나온다. 그 콧물은 투명하고 줄줄 흐르는데 그것과 같다. 이것은 점막에 흐르는 모세혈관 벽의 이음매가 조금 느슨해져서 혈관 내부의 적혈구는 빠져나오지 못하지만 체액수분은 흘러나오는 상태를 의미한다. 알레르기 반응을 일으키면 이런 생리적 변화가 모세혈관에 일어난다. 점막조직 전체가 물투성이 상태가 되거나, 분비액이 대량으로 만들어져 방출된다. 줄줄 흐르는 액체가 **중이(고막의 안쪽 공간)**의 방으로 길게 모이는 상태를 침출성 중이염이라고 한다. 치료로는 항히스타민제 투여, 알레르기 치료가 있다. 하지만 항생물질의 투여는 필요가 없다.

한편 중이에 고인 화농성 액체든, 침출성 액체든 이들을 더 깊은 곳으로 끌어들이는 작은 관(**유스타키오관**)으로 흘러들어가서 아데노이드 안쪽에 있는 배출구로 나오게 되어 있다. 다운증후군 아동의 경우 배출의 효율이 좋지 않다고 한다. 원래 점막조직이 물투성이로 되어 있기 때문에 침출성 반응이 일어나기 쉽고, 유스타키오관이 일반 아동보다 가늘며, 아데노이드 안쪽에 있는 배출구를 열고 닫는 근육의 힘이 약해서 닫혀 있는 경향이 강하다. 또한 다운증후군 아동이 분비하는 액은 일반 아동에 비해 점착성이 높기 때문에 아예 배출하지 않는 일이 있다.

여러 가지 수단을 사용해도 중이 내부의 분비액이 배출되지 않는 경우에는 고막에 작은 구멍을 뚫어서 그곳으로 배출시키는 방법을 취한다. 화농성 중이염으로 자연스럽게 고막에 구멍이 뚫려 배출되는 일도 있다. 단기간의 중이염을 급성중이염이라고 한다. 일 년 내내 고막 속에 항상 액체가 고여 있으면 만성 침출성 중이염이라고 한다. 만성이라는 형용사가 붙으면 음성의 들림이 왜곡되어 언어 발달에 악영향을 끼치므로 근본적인 치료를 받아야 한다.

침출성 중이염이 있으면 언어에 영향을 준다고 하는데 정말입니까? 106

만성 침출성 중이염이 있으면 문제는 어떤 식으로 음성이 들리는지이다. 예상되기로는 고막 안쪽에 물이 있기 때문에 수영장에 들어갔을 때 들리는 음성이 그것에 가깝다고 설명할 수 있지만 정확한 것은 아니다. 침출성 중이염에 걸린 부모로부터 귀중한 체험담을 들었다. 그에 의하면 귀의 바깥쪽에서는 분명히 딱딱한 소리가 들리지만 그것 자체는 그다지 곤란하지 않다고 한다. 가장 곤란한 일은 소음이 있는 곳에서 타인과 말을 하고 있으면 이제까지는 보통으로 들을 수 있던 것을 들을 수 없게 되어, 몇 번이나 다시 묻는 동작을 해야 한다는 것이다. 소음이 없는 조용한 곳에 있으면 정확하게 말을 식별할 수 있다고 한다. 이렇게 침출성 중이염이 있으면 언어를 명료하게 들을 수 없다는 것을 알 수 있다. 불명료한 말을 계속 듣고 있으면 언어에 대한 관심도 생기기 어렵고, 발음하는 경우에도 불명료한 발음을 하게 된다. 그러므로 **급성 중이염**에 걸리는 경우에는 어쩔 수 없지만 만성 중이염은 적극적인 치료를 해야 한다.

107

다운증후군 아동에게 갑상선 호르몬 이상이 많다고 들었는데 증상이나 치료법에 대해 알려 주세요.

다운증후군으로 태어난 아동의 **갑상선 기능 이상**은 진단된 시기에 의해 크게 둘로 나눌 수 있다. 우선 선천성 기능저하증이 있다. 모든 신생아를 대상으로 선별검사를 행하고 있는 크레친 병이라는 질환이 있다. 이것은 선천성의 갑상선 기능저하증이다. 일반 아동에게서도 발견되지만 다운증후군 아동 중에서 발견될 확률이 높다고 알려져 있다. 힘이 없고, 신체 전체의 조직이 통통한 인상을 주며, 심한 변비를 보인다. 탈장이 많다고 알려져 있으며 식욕도 없다. 뼈의 발육도 늦어서 오랫동안 대천문이 크게 열려 있다. 손발이 동체와 머리에 비해서 짧은 인상을 주고, 혀가 크게 부풀어 올라서 입밖으로 나와 있다. 이런 이상 특징이 다운증후군 아동의 특징과 자주 중복되기 때문에 다운증후군이 크레친 병이 아닌가 의심했던 적도 있었지만 현재는 양쪽이 전혀 다른 것이라고 판단하고 있다. 크레친 병으로 진단된 다운증후군 아동은 약으로 **갑상선 분말**을 투여하게 되는데, 체력과 기력이 충실한 일상생활을 할 수 있다.

그리고 다운증후군 아동의 생애적 관점에서 보면 갑상선 호르몬 이상을 보이기 쉬운 시기가 사춘기이다. 이제까지는 없었던 갑상선 기능 이상증이 생긴다. 기능저하증이 많지만 기능항진증도 보인다. 피곤해지기 쉽고, 수면시간이 혼란하다든가, 호기심이 없어지거나 집착과 고집이 눈에 띄게 늘어난다. 기능 저하증에는 역시 심한 변비가 있다. 기능 항진증은 방치해 두면 흥분의 시기에서 소모된 상태로 옮겨간다. 검사는 혈청 속의 갑상선 호르몬 및 뇌하수체성 갑상선 자극 호르몬을 측정한다. 치료는 기능 저하증에는 갑상선 분말을 투여하고, 기능 항진증에는 호르몬 생산을 억제하는 메르카졸이라는 약을 투여하는 것이 일반적이다. 어쨌든 내분비 전문의에 의뢰하여 장기간 진찰을 받아서 적절한 투여량을 결정해야 한다. 정확한 치료가 행해지면 증상은 없어지고, 평소의 생활로 돌아갈 수 있다.

다운증후군 아동은 간염에 걸리기 쉽다고 하는데 정말입니까? 108

간염은 간장 조직에 염증이 보일 때 진단되는 병명이다. A형 간염은 A형 간염 바이러스에 의해서 생긴다. 알코올성 간염은 문자 그대로 알코올 섭취에 의해서 생긴다. 또한 B형 간염은 B형 간염 바이러스에 의해서 생긴다. A형 간염 바이러스가 식사 등의 오염을 통해 경구적 감염을 하는 데 비해 B형 간염 바이러스는 혈액을 통해서 감염된다. 과거에는 다운증후군 아동이 어떤 간염에도 높은 빈도로 감염된다는 것을 당연하게 생각했다.

그러나 잘 조사해 보면 시설에 수용되어 생활하고 있는 다운증후군 아동에게는 그것이 현저하고, 가정에서 가족과 함께 살고 있는 다운증후군 아동에게서는 그다지 빈도가 높지 않았다는 것이 보고되고 있다. 지금은 그 원인이 수용시설이라는 열악한 환경에 있고, 오염된 음식을 먹었거나 B형 간염 바이러스에 오염된 혈액이 묻은 타인의 주사침을 사용했기 때문이라고 판명되었다. 다만 다운증후군 신생아의 간장 조직에는 높은 비율의 간염으로 오인되는 변화가 있다. 원인은 불분명하지만 태내 바이러스 감염이 있을 때 다운증후군 아동의 간장 조직이 쉽게 파괴되기 때문일지도 모른다. 그 변화의 조짐(장래의 건강상태 등)이 앞으로도 있을까 하는 것은 전혀 알 수 없다.

109 다운증후군 아동은 면역이 약하다는데 실제로 그렇습니까?

다운증후군 아동이 감염될 비율은 같은 연령의 일반 아동에 비해서 높다고 생각된다. 같은 감염증에 걸려도 나을 때까지 걸리는 시간도 다운증후군 아동 쪽이 훨씬 길다. 그래서 면역의학 연구자들은 다운증후군 아동에 대해서 상세하게 조사했다. 결과는 일반 아동에 비해서 면역 응답의 세기나 속도가 분명히 열등했다. 따라서 다운증후군 아동은 면역력이 저하되어 있다고 결론지어졌다. 그러나 실제 감염증의 어느 부분에 **면역력** 저하가 원인인지의 구별은 아직 할 수 없다. 왜냐하면 다운증후군 아동의 면역력 저하의 정도로는 분명하게 감염증에 걸리기 쉬운 상태를 보이고 있는 것은 아니라고 생각되기 때문이다. 인간의 신체를 감염증에서 지키는 면역력이 어느 정도 약하게 되면 분명히 면역력 저하가 원인인 감염증이 생기는가 하면 다운증후군 아동의 면역력 저하 정도는 아직 정상범위 영역에 들어 있다. 면역부전증이라고 불리는 명백하게 면역력이 결여된 상태와는 전혀 다른 면역의 약화로 다운증후군의 면역을 생각하기 바란다. 다운증후군 아동에게서 감염증이 지속되는 경향이 보이는 것은 점막 조직이 원래 부종을 일으키기 쉽기 때문일지도 모른다.

110 다운증후군은 통풍을 일으키기 쉽다는데요.

다운증후군이 일어나는 원인은 세포핵 내에 21번 염색체가 3개 있기 때문이라고 알고 있다(1번 항목 참조). 그러면 21번 염색체가 많이 있으면 신체 조직에는 어떤 혼란이 생길까? 그에 대해서는 아직 판명되지 않은 상태이다. 그러나 유전자 지도의 연구가 진행된 결과 21번 염색체의 위에 있는 유전자에 대해 서서히 밝혀지고 있다.

그 하나가 FKT라고 불리는 산소유전자이다. 이 유전자가 많기 때문에 FKT라는 산소도 여분으로 합성되고, 그 활동이 과잉되어 여분의 것이 생겨서 병을 일으킨다는 가설이 성립되었다. 실제로 다운증후군의 세포에서는 **FKT의 산소활성**(산소 활동의 효율)이 정상인보다 5할 정도 높다. 그러면 이 산소가 관계되어 있는 대사의 산물도 여분으로 사용되거나, 여분으로 생산되어 고여 있을지도 모른다. FKT는 **핵산의 프린체**를 합성하는 중요한 산소이다. 이 활성이 높아져 있기 때문에 프린 형성이 계속되고, 나아가서는 프린 분해의 양도 증대한다고 추측할 수 있다. 프린 분해량이 증가하면 혈중의 요산이 증가한다. **요산**은 신장에서 오줌으로 배설되어 체외로 나가지만, 혈중에 대량으로 증가하면 오줌 속으로 배설되는 것만으로는 부족해서 관절 내에도 고이게 된다. 그런 장소에서는 물에 용해될 수 없으므로 결정화되어 딱딱한 물질로 변한다. 이것이 **통풍**이라고 불리는 병이다. 또한 신장 속에서 **결석**이 되어 요관을 막는 일도 있다. 신장 내에서 결석이 많이 생기면 **신장**도 광범위하게 파괴된다. 다운증후군의 혈액 중 요산은 분명히 높은 경향이다. 그 증가의 정도는 통풍을 일으키는 경계선에 있는 것처럼 보인다. 분명히 이상적으로 높은 혈중 요산치를 가진 다운증후군 아동에 대해서는 **혈중농도**를 저하시키려고 투약을 하거나 결석을 형성하지 못하도록 혈액의 알칼리성 경향을 유지하거나 외과적 수술을 생각해야 한다.

111 다운증후군 아동은 백혈병이 많다고 들었는데 정말입니까?

다운증후군 아동에게 **백혈병**이 문제가 되는 것은 시기적으로 보아 두 가지 다른 단계로 나눌 수 있다. 하나는 갓 태어난 신생아기이고, 두 번째는 유아기에서 아동기 사이에 발병하는 것이다. 신생아기에 보이는 것의 일부는 방치해 두어도 자연스럽게 정상화되는 일이 있다. 그러나 나머지는 정말 백혈병이 되어 죽음에 이르는 일도 있다. 백혈병이라는 것은 골수에서 만들어진 혈액 속의 세포가 아직 그 단계에서는 없는데 혈중으로 방출되어 미숙한 혈액세포만 있기 때문에 혈액세포의 역할을 할 수 없어서 감염증에 걸리기 쉽게 되고, 빈혈과 출혈 경향도 수

반하는 질환이다. 그 원인으로는 **골수 조직** 내에서 만들어지고 있는 세포 중 일부 한정된 세포 그룹만이 우선적으로 형성되는 폭주상태가 일어나기 때문이라고 생각되고 있다. 그것은 일부의 세포만이 다른 세포의 형성에 악영향을 주면서 제멋대로 증식한다는 의미로 혈액세포의 암이라고 말하여진다. 즉, 악성질환인 것이다.

다운증후군의 백혈병에서는 골수 속의 여러 가지 종류의 세포가 이러한 폭주를 보이지만 특히 많은 것이 거핵세포라고 불리는 세포이다. 이 세포가 만약 정상으로 발생해 주면 혈액을 응고시키는 역할을 하는 혈소판을 만든다. 그러나 이 세포가 악성화되면 혈소판 수는 즉시 감소하고, 출혈경향이 두드러진다. 또한 빈혈도 생기고 힘도 없어진다. 그 외에 골수세포나 임파구 세포에서도 그런 일이 생긴다. 통계에 의하면 3세 정도까지는 다운증후군 아동의 백혈병 합병증이 일어날 빈도는 일반 아동보다 5~10배 정도(연구자에 따라서 다른 숫자를 나타내지만) 높지만, 4세 이상이 되면 그런 큰 차이는 감소된다고 한다. 치료방법도 각각의 유형별로 연구가 진행되고 있어서 현재로서는 결코 절망적인 질환이라고 받아들이지는 않는다. 물론 완전히 치료하는 것은 아직 부족한 점이 있지만 조기발견과 창의적으로 연구된 치료법에 의해 과거에 비해 비약적인 발전을 했다.

마지막으로 신생아기에 보이는 특별한 혈액의 증상에 대해서 소개한다. 다운증후군 신생아의 혈액을 살펴보면 가끔 미숙한 골수세포가 다량으로 관찰되는 일이 있다. 그것만을 생각하면 백혈병이라고 진단해도 상관없지만 치료를 하지 않아도 자연스럽게 정상화되기 때문에 이것은 백혈병과는 다른 것이라고 생각하게 되었다. 이것은 **백혈병 유사반응**이라고 불리고 있으며, 이러한 미숙한 골수세포를 맡고 있는 골수조직이 잘 유지될 수 없기 때문에 혈액 속에 일찍 방출된 것이라고 설명된다. 그러나 이러한 신생아기의 이상한 골수반응을 보이는 다운증후군 아동에게서는 진짜 백혈병을 발생시킬 확률이 높다는 것도 알아서 주의해야 한다. 물론 일부는 진짜 백혈병으로 판명되고 있으므로 전문가의 도움이 필요하다.

112 다운증후군 아동에게는 힐슈프링 병이라는 소화관 기형이 많다고 하는데요.

다운증후군 아동에게는 **소화관의 기형**이 많이 관찰되고 있다. 약 1% 정도의 빈도이다. 그 중 일부분은 힐슈프링 병이 차지하고 있다. 이 기형은 대장이 완전하게 수축력을 잃고, 내부에 고인 대변을 항문에서 배설할 수 없는 상태를 의미한다. 근본 원인으로는 대장의 점막조직 밑에 둘러쳐진 자율신경계의 네트웍이 결여되어 대장이 적절한 배설운동을 하기가 불가능하게 되는 것이라고 할 수 있다. 항문 옆에 있는 직장에서부터 위쪽 대장의 어디까지 **자율신경계**가 결여되어 있는가에 따라 증상의 경중이 가려진다. 짧은 거리라면 투약만으로 배설을 도울 수 있고, 수술이 필요하다고 해도 조금만 절제할 가능성이 높지만 만약 긴 범위에 걸친 자율신경계 결여를 일으키고 있다면 광범위하게 대장을 절제해야 한다. 직장과 항문 주변까지 이 자율신경계의 이상이 미치고 있으면 배설의 기능도 평생 잃게 된다.

이러한 판정은 소아 소화기 외과 전문의사의 경험에 근거해서 내려진다. 증상으로서는 태어나면서부터 대변을 볼 수 없기 때문에 하복부가 거대하게 부어 있다. X-Ray 검사로 그 부종이 모두 **숙변**인 것이 밝혀진다. 극히 가벼운 것은 관장으로 대처할 가능성이 있지만 대개는 외과적 수술이 필요하다. 항문으로 배설할 수 없는 경우에는 인공항문을 복부 중앙부에 만들고 그곳으로 배설시킨다. 그 후 근본적인 치료나 수술이 행해지면 원래 항문으로 배설할 수 있게 되기 때문에 **인공항문**은 닫아버린다.

113

아침에 일어나 보니 아이(2세)의 등에 손바닥만한 반점이 보입니다. 어젯밤 의자가 넘어져 부딪혀 생긴 것인가 하고 생각했지만 조금 이상한 느낌이 듭니다.

반점의 원인은 의자에 부딪혀 생겼을 것이다. 반점은 모세혈관이 끊어져서 출혈이 되면 나타난다. 그러나 가끔 그러한 증상이 있다면 출혈하기 쉬운지 급히 조사해 볼 필요가 있다. 혈액의 일반적인 검사로 혈액도말 표본의 분석도 해 보고, 혈액의 상태에 대해서도 조사한다. 혈소판의 수도 잊지 않는다. 혈소판의 수가 감소하는 것은 바이러스 감염의 직후에 생긴다. 혈액상에 미숙한 **골수세포**가 많이 보여서 **혈소판**의 수가 현저하게 감소하고 있다면 백혈병의 징후가 있으므로 정밀검사를 한다. 반점은 건강한 상태에서도 가끔 보이기 때문에 반점만으로 병이 있다고 결론지어서는 안 되며 검사가 필요하다. 그 외에 출혈시간 등의 검사도 해 본다. 남자 아이인데 생후 4세까지 숨겨져 있던 **혈우병**이 발견된 적이 있다. 바로 소아과에서 진찰을 받아야 한다.

114 다운증후군 아동의 소음경은 치료가 필요할까요?

소음경이라고 진단된 근거는 무엇인가? 정확하게 음경의 전체를 측정하고 기준치와 비교해서 분명히 작다고 할 수 있을까? 그렇다면 어느 정도 작은가에 따라서 치료를 생각해야 한다. 너무 작으면 불편하다. 즉, 남자 아이가 성기를 잡고 소변을 누는 데 적당하지 않을 만큼 작은 음경이라면 인공적으로 조금 크게 한다. 불편할 만큼 작은 음경이라도 사춘기에 남성 호르몬의 작용으로 크게 될 가능성이 있다. 그 경우에는 경과 관찰을 한다.

또한 소음경으로 보여도 전체의 길이를 조사하면 결코 작지 않은 것도 있다. 왜 이렇게 잘못된 인상을 받는가 하면 다운증후군 유아에게는 현저한 피하조직의 부종이 있고, 음경 주위의 피부조직도 부어올라 있는 경우가 있다. 음경 자체의 크기는 정상이지만 눈에 덮인 집들처럼 표면에 조금밖에 돌출되어 있지 않으면 작다는 인상을 준다. 그것을 **함몰음경**이라고 한다. 외관만으로 판단해서 고민하지 않도록 비뇨기과 의사에게 상담을 받아본다.

115 6세의 남자아이입니다. 계속 인공항문을 붙이고 있는데 체력이 떨어지지는 않을까 걱정입니다.

인공항문과 **소화력**과는 각각 다른 것이다. 인공항문을 달았기 때문에 약한 사람이 된다는 것은 현실적으로 이치에 맞지 않다. 복부에 붙은 인공항문의 도움을 항상 잊어서는 안 되지만, 그 외에는 모두 건강한 상태로 보인다. 인공항문을 가진 12세의 다운증후군 남아와 만난 적이 있는데 어른인 내가 쩔쩔 맬 정도로 강한 근육을 지녔었다. 씩씩한 정신이 몸에 배도록 생활해야 한다.

제 6 부

지능과 언어

레시틴이 다운증후군 아동의 지능을 좋게 할 수 있다고 들었습니다. 116

다운증후군 아동이 일반적으로 특정 영양분과 약물에 의해 지능수준이 높아질 수 있다는 사실은 확인된 일이 없다. 일부 연구자들이 소수의 다운증후군 아동에게 그러한 실험을 행했고, 지능이 높아졌다는 보고한 논문은 있지만 그런 것이 모두 추정된 실험에 의한 것으로 실제로 효과는 없었다고 판명되었다.

레시틴(lecithin)도 같은 종류의 것이라 생각해 주길 바란다. 물론 레시틴 투여를 한 덕분에 다운증후군과는 관계없이 영양실조 상태가 개선되어 결과적으로 지적 활동성이 증가할 것이라는 가능성은 있다. 그러나 그것을 레시틴이 다운증후군을 좋게 했다는 것으로 생각해서는 안 된다.

지능 검사를 받아야만 할까요? 117

어떤 상황에서 **지능검사**를 받아야만 하며 어떠한 고민이 생겼는지 이 질문의 문장만으로는 모르겠지만, 만약 검사를 받아서 좋은 것이 기대되면 받아야 하는 것이고, 받았을 때 좋지 않은 것이 발생될 수 있다고 예상되면 받지 않아도 된다는 생각을 하면 어떨까?

사실 지능 검사를 부모 쪽에서 거절한다면 누구도 강제적으로 아동에게 지능 검사를 실시할 수 없다. 모든 사람들은 지능 검사가 자신의 아이의 장래를 위해 좋은 결정을 할 수 있도록 하는 그 이상의 이익이 있을 것으로 기대하여 검사를 받는다고 생각된다. 그러니까 지능 검사의 성격을 부모가 어떻게 받아들일지가 염려된다.

그래서 지능검사라고 총칭되는 것에는 **언어 발달검사**, 섬세한 동작의 사용방법 검사, **상황판단 검사** 등 다양한 것들이 있다. 여러 가지 검사들이 지능의 특정한 영역을 찾기 위해 개발되었다.

특히 지능검사라고 하는 검사를 한 가지 종류만 받아 보았다면, 그것은 지능의 어떤 영역의 지적 수준을 나타내지만 다른 영역에 대해서는 말해 줄 수 없다. 지능이라는 것을 적당하게 전체적으로 평가할 수 있는 검사가 있다면, 그것이 지능검사의 요강이 되는 것은 당연하지만 아직 그러한 검사는 존재하지 않는다. 그것이 지능 검사의 이점과 제한점이라 할 수 있다. 이 질문에 대한 대답을 정리하면 지능검사를 받아서 어떤 이점이 있을까 생각하고, 그것이 아동에게 중요한 의미를 갖는다면 지능검사는 실용성이 있는 것으로 본다.

118 인지능력을 높일 수 있는 좋은 방법이 있습니까?

인**지능력**이라는 전문적인 용어가 갑작스레 나왔다. 인지라는 것은 우선 **지각 신경**을 동원해서 외계의 상황을 살피고 그렇게 수집한 정보를 기초로 해서 명확한 이미지를 일정하게 뇌에 보내어 그 이미지에 의한 합리적인 동작을 밖으로 보내는 것이 가능하도록 하는 일련의 과정을 의미한다. 후반의 **동작 단계**를 생략해서 생각하는 것도 가능하지만, 아동의 인지능력을 측정하는 경우에는 현실적으로 표현된 동작을 보지 않으면 알 수 없다. 이 과정의 어느 단계에서도 그것이 흩어져 있으면 인지능력 수준이 저하되었다고 본다. 지각을 얻기 위해서는 청력과 시력의 정확성이 요구된다. 피부감각도 중요하다. 뜨겁다, 차갑다, 딱딱하다, 부드럽다 등의 식별 능력이 중요하다. 신체가 어떤 자세를 하고 있는지에 대한 내부 균형감각과 근육의 긴장상태에 대한 이해도 중요하다. 이와 같이 지각능력을 정상으로 유지하는 것이 출발점이 된다. 예를 들면 피부가 차가워지면 지각도 예민해진다. 그러니까 인지능력을 높여 주기 위해서는 피부가 너무 차가워지지 않도록 하는 것도 고려해야 한다. 또 아동의 뇌 속에 지각을 통해 수집된 정보를 종합적으로 잘 작성해서 가능한 한 정확한 이미지를 만드는 것도 중요하다.

예를 들면 이것은 개와 고양이를 구별할 수 있는 능력이다. 그 위에 막연히 개 전체가 이미지화되는 것과 함께 작은 개와 큰 개의 다른 점도 알 수 있게 되는 것이 인지능력에 대한 기대이다. 아동의 뇌에 좋은 이미지가 형성될지 아닐지를 알아보는 것은 외부로부터 자극을 제공해 보고 그 반응에 따라 그 이미지가 어떤 것인가를 측정할 수밖에 없다. 이것이 지능검사가 된다. 대부분은 놀이 형태를 취하면서 아동의 임기응변의 반응을 관찰한다. 전체적으로 기대되는 반응이 있다면 인지능력에는 지장이 없는 것으로 추측된다.

아동의 인지능력을 높여 줄 수 있는 것은 좋은 체험을 많이 시키는 것이 중요하다. 다양한 체험을 하는 것과 함께 그 체험이 쌓여져서 일정한 법칙을 쉽게 이해하는 것이 가능하다면 그것은 좋은 체험이 되는 것이다. 옛날부터 아동의 놀이에는 이러한 배려가 들어가 있었다고 생각된다. 신체의 모든 감각을 총동원해서 뇌 속의 이미지를 만들 수 있는 것이 인지능력을 높일 수 있게 되는 것이다.

119 음악을 굉장히 좋아하고 춤추는 것도 좋아합니다. 다운증후군 아동에게는 이런 특성이 있는 것일까요?

이 질문에 대해서 과학적 근거를 기본으로 대답하기에는 조금 어렵다고 생각한다. 그러나 동서고금을 통해 다운증후군을 꾸준히 관찰한 연구자들 대부분은 다운증후군 아동이 음악을 대단히 사랑한다는 것에 감격했다. 선천적으로 이러한 특성을 갖고 태어난 것으로 많은 연구자들이 추정하고 있다. 그러나 어쩌면 음악에만 흥미를 느끼고 있을지도 모르는 가능성을 생각해 두어야 한다. 아무튼 다운증후군을 갖고 있는 사람들이 음악에 대한 감성이 굉장히 우수하다는 것은 사실이라고 생각한다. 순수하게 음악 그 자체를 마음속에서부터 즐기는 타고난 능력을 가지고 있으므로 이들은 행복한 사람들이라 생각한다.

120 다운증후군 아동의 학력에 대해 어떻게 생각하고 있는지요?

여기에서 말하는 학력을 **학습능력**이라고 생각하고 대답을 하겠다. 또한 다운증후군 아동의 학력이라고 구분지어 질문을 받는 경우가 불분명하기 때문에 기대한 대답이 될지는 잘 모르겠다. 우선 **학습**이라고 하는 것은 경험으로부터 일정한 법칙을 유추해서 그것을 자신의 지적 체계에 **저장**해 넣고 **기억**해서 필요에 따라 그 기억을 끄집어내고, 다른 기억과 연합시켜 보다 복잡한 지적 체계를 만들어 가는 것을 의미한다. 다운증후군 아동들도 일반 아동들과 마찬가지로 이러한 지적 체계를 만들어 낼 수 있는 능력을 갖고 있다. 그러나 지적 체계의 복잡성이나 수준 등이 다를지도 모른다는 주장을 제기하기도 한다. 확실히 숫자를 자연스럽게 구사하는 우수한 능력의 학력은 다운증후군 아동에게서 보기 힘들 것 같다. 그러나 그곳까지 도달하기 위해 도전을 했다는 이야기를 듣지 못했기 때문에 아직 결론을 내리기에는 너무 이르다.

언어 이해에 대한 학력은 아주 우수하다고 생각된다. 옆에서 어른들이 상당히 복잡한 표현을 사용해서 대화를 하고 있으면 다운증후군 아동은 그 내용을 적절히 이해해서 행동과 말을 한다는 보고를 가끔 듣고 있다. 반대로 간단한 언어라도 잘 발음하지 못하는 성향이 강하다는 것은 인정한다. 그러나 다운증후군 중에서도 정상인처럼 말을 잘 하는 다운증후군 성인도 간혹 있다. 다운증후군이 특별한 재능을 갖고 있다는 것에는 다양한 의견이 있다. 언어 발달이 느리다고 해도 장시간 동안 대화를 아주 잘 할 수 있게 된다. 대화가 서툰 것은 도중에 학습을 포기했기 때문일지도 모르겠다. 주위 사람들이 학습 의욕을 해치는 태도를 보였을지도 모른다. 아니면 학력의 존재는 분명한 것이기 때문에 어느 정도까지 일정시간 동안 학습을 시켜 줄 것인가를 구분하지 않으면 안 된다. 그것 역시 실제 경험 속에서 그 아동의 학력을 추측할 수밖에 없다고 생각한다. 아동이 유난히 관심을 갖고 있는 소재를 사용하여 학습을 진행시키면 확실하게 학력은 향상된다. 일찍이 미국에는 다운증후군 아동의 교육적 한계가 10세 전후라고 알려진 적이 있었지만, 현재는 다양한 교재의 연구를 통해 그러한 벽이 없다는 것은 상식이 되었다.

121 말더듬 증상이 나아지지 않습니다.

우선 **말더듬**이 어째서 발생하는 것일까 하는 이해가 필요하다. 말더듬은 예전부터 의식하면 할수록 치료하기 어렵게 된다고 알려져 있다. 언어를 발성하는 최초의 동기는 결코 우연히 발생하는 것이 아니며, 직전에 뇌에서 그 언어를 말하려는 준비가 되고 그것에 계속되는 언어도 준비될 때에 연속적인 리듬을 타고 발성이 된다고 생각된다. 그 흐름이 저해되었을 경우에 말더듬이 생길 수 있는 가능성이 강해진다. 뇌 안에서 어떤 언어를 말할까 하고 망설인다거나 그 후에 계속 말할 언어가 좀처럼 결정되지 못하거나, 언어를 발성할 리듬을 잃었다거나 할 경우에 말더듬이 생긴다고 한다.

다운증후군 아동의 경우, 말더듬은 어느 쪽에서나 발생하기 쉽다. 그러므로 치료는 그 반대의 환경을 만들어 주는 것이 필요하다. 말하고 싶은 언어 내용이 상당히 많은 경우, 어느 것부터 말을 할까하는 선택이 어려워진다. "안녕하세요?"라든가 "고맙습니다."라는 말은 일상생활에서 자주 사용되는 것이며, 또한 특정한 장면에서 언제든 예외 없이 사용되는 언어이다. 이러한 언어를 많이 사용해서 언어사용이 어렵다고 생각하지 않도록 지도한다. 관용적인 상투어는 좋은 효과가 있다. 또한 마음에 드는 그림책을 몇 번이고 읽어서 들려주는 것이다. 물론 천천히 일정한 리듬으로 언어적 간격을 주는 것도 효과가 있다. 결국에는 절대 급하게 서둘러 치료하려 하지 않는 것이다.

말더듬이 있어도 주위 사람들이 전혀 의식하지 않는 태도로 아동을 대하면 빠른 **자기치료**가 가능하다고 알려져 있다.

혼잣말을 할 때가 많습니다. 122

혼잣말은 크게 걱정할 것 없다. 일반 사람에 대한 조사에서도 인간은 모르는 사이에 혼잣말을 하는 시간이 의외로 많다고 알려져 있다. 왜 혼잣말을 하는 것일까 하는 점에 대해서는 언어 기억을 확실히 하거나 체험한 것을 반복하는 등 다양한 가능성이 지적되고 있다. 혼잣말 속에는 직전에 잘 말하려고 했으나 말을 하지 못한 것을 반복해서 연습하는 경우가 있다. 이것을 바람직한 **언어연습**의 하나로 보면 좋겠다.

그리고 혼잣말을 듣고 있으면 말하고 있는 내용이 누군가를 야단치고 있거나 재촉하는 것도 있다. 이것은 아마도 자신이 타인으로부터 들은 것을 다시 재현하는 것이 아닐까 생각된다. 그러한 경우에는 아동을 위해서 반드시 혼잣말의 내용을 검토해 보길 바란다. 어떤 말을 들었으며 마음에 상처를 입었는가를 알 수 있게 된다. 또한 **공상의 세계**에 깊이 들어가 있거나 그 세계 속에서 대화를 하는 경우가 있다. 그렇지만 말을 걸었을 때 곧바로 자신의 현실로 돌아와서 적절한 응답이나 반응을 하게 되면 걱정을 할 필요가 없다. 만약 그렇지 않다면 **백일몽**에 빠져 있음을 의미한다. 때에 따라서는 상식적인 사회적 행동이 제거되어 위험에 노출되는 경우도 있다. 예를 들어 약간 멍한 상태로 걷고 있다가 자동차에 치일 수 있다. 위험한 상황에 빠져들지 않도록 말을 걸어주는 방법이 좋을 것이라고 생각한다.

123 갑자기 발성이 늘었습니다만, "아빠", "아와", "아야" 수준입니다. 발음을 바로잡아주고 싶습니다.

이 단계에서는 아동은 자신이 갖고 있는 힘을 최대한 발휘해서 무엇인가 언어를 사용하려는 것으로 생각할 수 있다. 그러나 슬프게도 아직은 경험이 부족하기 때문에 소리를 잘 낼 수 없다. 그것은 마치 처음으로 노래를 부르는 것과 같다. 몇 번이고 노래를 부르면서 자신이 자신의 음성을 수정하면 언젠가는 잘 부를 수 있게 된다. 이와 같이 언어도 실패를 거듭하면서 **발성**하면 어느 사이에 발음을 잘 하게 되는 것이다. 다운증후군 아동은 정상인과 비교하면 상당한 시간이 걸릴 수도 있다. 그러나 최적기에 보통의 발음이 가능하게 된다면 걱정할 필요가 없다. 만약에 아동이 발음하려고 노력하고 있는 단계라면 주위 사람들이 가능한 한 **모델**이 되어 발성을 해 주는 것이다. 아동은 아주 열심히 그 언어를 **모방**하려고 하기 때문이다. 바르고 정확한 발음을 하도록 계속 노력하는 방법밖에 없다.

124 유치원 남자아이입니다. 일상 언어에서는 무슨 말인지 잘 알아들을 수 없는데 밤중의 잠꼬대에서는 말을 명료하게 합니다. 어째서일까요?

질문의 내용을 잘 알겠다. 이 현상은 남자아이의 언어능력이 상당한 수준까지 발달해 있다는 것을 알려 주고 있다. 이와 같은 에피소드에서 몇 가지의 상황을 알아 낼 수 있다. 우선 평소 빠른 말로 인해 주변 사람들은 아동의 말을 듣고도 잘 이해하지 못한다.

그러나 **잠꼬대**는 확실한 언어로 발성할 수 있다. 결국 조금씩 천천히 말할 수 있는 방법을 스스로 터득하게 되면, 주변 사람들과 대화를 잘할 수 있는 능력을 잠재적으로 갖고 있다. 그래서 지금부터는 아동이 가능한 한 초조해 하지 않고 말을 할 수 있도록 주변 사람들도 신경을 써서 말하는 것이다. 예를 들어 천천히 말하는 방법을 늘리는 것이다. 그러면 긴장이 사라진 상황에서는 발음을 잘 할 수 있다.

한편 아동이 꿈을 꾸고 있을 때 "아 그만해. 안 돼. 안 돼." 하고 말한 것을 보면 이것은 아동이 창작한 대화라고는 생각하지 않는다. 오히려 낮 동안에 경험한 것을 꿈에서 거듭 보고 말을 했다고 생각한다. 그 내용은 분명히 괴롭힘을 당한 상황을 알려 주고 있다. 진위 여부는 아직 잘 모르겠지만 유치원에서의 상태를 주의해서 잘 관찰하고 정보를 얻을 필요가 있다고 생각한다. 이와 같이 잠꼬대를 통해서도 실제 상황이 연출되기 때문에 듣고 놓치지 않도록 한다.

125

다운증후군 아동의 언어를 발달시키려고 할 때 구체적으로 가장 권하고 싶은 것은 무엇인가요?

그것은 역시 부모님이 아동에게 **그림책**을 자주 읽어 주는 것이라고 할 수 있겠다. 지금까지 깜짝 놀랄 정도로 언어능력이 훌륭한 다운증후군 아동을 상당수 만났는데 어떻게 그 다운증후군 아동들을 양육했는지 어머니로부터 듣고 이해를 했다. 공통점은 우선 아동이 듣든지 듣지 않든지 전혀 상관없이 어머니가 항상 그림책을 읽어 주었다고 한다. 이것은 많은 부분 수긍할 수 있다. 아동의 말을 듣고 있으면 그 안에는 역시 그림책으로 읽어 주었던 흥미 있는 말이 나오는 것이다. 흔히 아동이 다른 쪽을 향해 있거나 등을 돌리고 장난감을 가지고 놀고, 책을 읽어 주어도 듣지 않고 있다고 어머니는 푸념을 잘 한다. 그러나 아동의 그와 같은 태도에 속지 않길 바란다.

등을 보이고 있어도 듣는 귀를 열고 있는 것이 분명하기 때문이다. 어째서 그림책을 읽어 주어야 **언어 발달적 측면**에서 좋은 효과가 발생하는가에 대해서는 이제부터 과학적인 연구를 해야 한다. 그러나 이런 설명은 가능하다. 일반적인 **대화기술**을 터득하는 것은 경험이 필요한 것과도 관계가 있다. 다운증후군 아동에게 그림책을 읽어 주고, 그 내용에 감정을 이입시키며 주인공이 말하는 하나하나의 언어를 자신의 대사처럼 기억해 두는 경험을 하는 것과 같은 효과를 얻을 수 있다. 그 뿐만 아니라 내용의 특성상 그 대사는 고정되어 있다. 몇 번이라도 읽어 준다면, 그 장면에서는 그 대사가 나올 것이라고 가슴을 두근두근 하면서 기다리고 있다. 흥미를 느끼게 되면 그 대사를 입 밖으로 소리 내는 것도 가능하다. 이런 것처럼 자유롭게 변경되지 않는 대사는 좋은 **회화연습**이 된다. 기억력 면에서 일반 아동과 비교해도 손색이 없다고 생각되는 다운증후군 아동에게 그림책을 반복해서 읽어 주는 것은 언어 발달의 효과를 가져 온다는 것을 분명하게 말해 두고 싶다.

다운증후군 아동의 언어지도에 대한 좋은 방법은 없습니까? 126

다운증후군 아동의 **언어 발달**을 촉진시키는 교육적 지원을 생각하는 것은 매우 중요한 일이다. 어떻게 하면 언어 발달을 자극하는 효과를 낼 수 있을까하는 것에 대해 여러 가지를 연구하는 것은 당연한 일이다. 그러나 아동의 언어수용력은 아동마다 다르다. 획일적인 교육수단으로 모두 효과를 낼 수 없다. 개별적 상황에 대응한 연구를 하지 않으면 안 된다고 생각한다. 그 점에 대해 우리들이 외국어를 학습하는 방법이 참고가 될 것이다.

새로운 언어를 학습하는 것은 여러 가지 어려움에 직면하게 되지만, 그것을 어떠한 방법으로 극복했는지 뒤돌아보면 아이디어를 발견할 수 있다. 구체적으로는 그 언어를 사용하지 않을 수 없는 상황에 빠져들게 하거나 극히 작은 발음이라도 크게 칭찬해 주어 또 발음을 해 볼까 하는 마음이 들게 하거나 또는 외국어 교육 전문가가 일반적으로 이용하고 있는 방법을 파악해 보는 것도 도움이 된다고 생각한다.

일반 아동과 친밀하게 교류를 하는 **통합 교육 환경**은 언어 발달을 자극한다는 점에서 상당히 효과가 기대된다. 반대로 아동이 말을 했을 때에 그 의욕을 저해하는 행동을 주변 사람들이 하지 않도록 주의하지 않으면 안 된다. 모처럼 '엄마'라고 말을 했는데 주변 사람들이 모두가 '자기를 엄마'라고 한다고 놀리게 되면 아동은 당황해서 이후부터 한동안 말을 하지 않게 된다. 논리적 연관성이 있어야 일정한 언어를 생산해 낸다는 상실을 잊어서는 안 된다. 또한 하나하나 미숙한 발성을 끄집어내어 강제적으로 정확한 발성을 하도록 시키려는 것 역시 언어의 의욕을 저하시켜 오히려 언어를 줄게 한다. 정확하고 바른 발성을 가르쳐 주고 싶다면 주위 사람들이 좋은 그림책을 들려주는 것이다. 결코 강제적으로 고치려고 하면 안 된다. 그러나 만약 아동에게 **해부학적 이상**이 있는 경우는 수술과 훈련으로 **교정**하는 과정이 필요하다. 그 다음에는 아동이 자발적으로 언어를 표현하려고 하는 환경을 설정해 주어야 한다.

127 언어장애와 정서장애 아동에게 **돌고래 요법**이나 **승마 요법**이 효과가 있습니까?

언**어장애**가 있다는 것은 일반적으로 **의사소통 장애**를 의미한다. 그만큼 우리 사회는 언어를 이용하여 의사소통을 하고 있다. 그런데 다운증후군 아동을 비롯한 언어장애가 있는 아동들에게 언어교육을 실시하면 할수록 오히려 장애의식을 갖게 하고 긴장감을 높여 버리게 되어 언어교육의 성과가 향상되지 못하는 일이 있다. 일부에서는 역효과가 나는 경우도 있다. 그와 같은 경우에는 언어에 의한 의사소통을 일시적으로 중단하는 것이 좋다. 사람에게는 의사소통 수단이 다양하게 준비되어져 있다. 언어가 가장 효율이 높기 때문에 인기가 있지만, 그 외에도 접촉하거나 눈짓을 하거나 얼굴표정으로 의사를 나타내거나 해서 정보를 교환하는 것이 가능하다. 그 경우에도 서로 상징에 대한 이해능력이 요구된다.

예를 들어 아프다면 얼굴을 찌푸린다고 하는 약속이다. 이것처럼 기본적 공통목록은 상대방과 자신 사이에서 감정이입이 가능하다고 생각하고 처음으로 신뢰할 수 있는 규칙이 생긴다. 그것이 정서발달이라고 하는 것이다. 정서가 통하지 않는 것은 상징에 대해 상호간에 이해가 불가능하다는 것이다. 인간의 복잡한 심리세계를 갖고 있는 상대방과 상징을 통하여 의사소통을 하는 것이 귀찮은 일이라고 아동 쪽에서 결론지어 버린다면, 이후에는 **정서교류**도 없게 된다. 또한 의사소통에 대한 의욕도 감퇴하게 된다. 그런데 **돌고래**와 **말(馬)**처럼 고도의 정신능력이 있다고 생각되는 동물과 접하게 되면, 인간에 대해서 단념하고 있던 의사소통 동기를 다시 회복할 수 있게 된다. 돌고래와 말도 주변 사람의 기분변화에 민감하게 반응하는 것으로 잘 알려져 있다.

이와 같이 반응에 대해서 정서장애가 있는 아동들이 경계심을 풀고 접근하는 것이 의사소통의 회복에까지 연결되어져 있는 것은 아닐까 추측하고 있다. 이러한 의미에서 언어 이외의 의사소통에도 의욕을 갖게 하는 것은 바람직한 것이라고 생각한다. 영화와 음악, 스포츠, 혹은 즐거운 집단활동이 이러한 의사소통을 포함하고 있는 것은 분명하다.

제 7 부

양육과 발달

다운증후군 부모회를 소개해 주세요. 128

현재 **일본다운증후군협회**라는 단체가 결성되어 열심히 활동하고 있다. 일찍이 '어린양 모임'이라는 명칭으로 조직된 전국 네트워크가 있었다. 그와 함께 재단법인 '어린비둘기회'가 있었지만 지금은 거의 활동하지 않고 있다. 이 두 조직이 연합해서 일본다운증후군협회라는 단체가 성립되었다. 우리나라의 경우, 현재 전국 다운증후군 부모 모임으로 다운회(多運會)가 조직되어 있고, 각 지역별로 지부를 두고 있으며, 다운증후군을 중심으로 한 발달장애인을 위한 전문 복지관인 '다운복지관'을 설립하여 다양한 장애인 교육 프로그램과 복지 서비스를 제공하고 있다. 구체적인 내용은 이 책 말미의 부록에 실려 있다.

부모의 입장에서 다운증후군 아동의 형제자매에게 어떠한 배려를 하면서 양육하면 좋을까요? 129

다운증후군 아동의 형제자매에게 부모 입장에서 신경을 쓰는 것은 당연한 일이다. 그리고 아버지와 어머니가 다운증후군 아동의 양육에 대해 많은 시간을 투자하는 것을 보고 형제가 질투를 하거나 부모님의 애정에 결핍을 느끼는 것은 아닐지 걱정이 된다. 그때 부모 입장에서는 어떻게 대처하면 좋을까? 물론 고민의 구체적인 내용에 따라 대답도 달라진다. 그러나 여기서는 일반적인 대답을 해 본다.

우선 부모와 자식의 관계에서 무엇보다 중요한 요소는 상호간의 신뢰라고 생각한다. 서로 간의 애정이 그 유대관계를 다져 준다. 아버지와 어머니가 자녀를 위해서 아주 열심히 무엇인가 해 주는 모습은 자녀의 눈에 좋게 비치는 것이 당연하다. 그러나 형제라면 자신과의 사이에 경쟁이 있다. 자신만이 부모의 애정을 받고 싶어 하는 생각은 자연스러운 것이다. 그러나 여기에서 서로 간에 갈등이 있음을 알 수 있다.

그 갈등은 일반 아동인 형이나 언니가 한 명 있는 경우는 더욱 절실하다고 생각한다. 왜냐하면 다운증후군인 동생이 태어날 때까지는 부모의 사랑을 한 몸에 받고 있었기 때문이다. 하지만 동생이 태어난 순간부터 아버지와 어머니는 이리저리 뛰어다니며 분주해진다. 역으로 다운증후군의 형이나 언니(누나)가 있고 그 아래에 동생이 태어났을 경우, 아래 동생이 일반 아동이라면 윗형과 비교해 볼 때 어머니와 아버지가 비교적 편하리라는 것은 당연하다. 그러나 윗형이 일반 아동인 경우의 형이나 누나의 기분을 살펴보면, 동생이 태어났고 다운증후군 아동이라는 것 때문에 많은 시간이 투자하는 것을 이해하지 못한다.

이러한 경우 형과 누나가 이해할 수 태도와 말로 동생 때문에 외출을 해야 하고 어째서 바쁘게 손을 쓰고 있는가를 자세히 설명해 주어야만 한다. 그것도 아동이 납득할 수 있는 방법으로 이야기해야 한다. 가장 중요한 열쇠는 부모의 애정이다. 어떤 자녀에 대해서도 변하지 않는 애정을 쏟아 주는 부모의 모습을 아동에게 전해 주는 것이 매우 중요하다. 기회를 봐서 가능한 한 아이를 안아주면서 귓전에 대고 "네가 세상에서 제일 예쁘다."라고 말해 준다. 그 속에 진실하고 정직한 엄마의 마음이 있다는 것을 알려 준다. "나는 너를 자랑스럽게 생각하고 있단다."고 말해도 괜찮다. 그러나 많은 부모들은 생각은 하고 있어도 그것을 조금도 입 밖으로 내지 않고 있다.

어머니와 아버지는 자녀가 부모로부터 사랑받고 있다고 생각하게 할 의무가 있고, 자녀가 훌륭한 성인이 되어 자립할 때가 되었을 때는 부모의 희망을 말해도 좋겠다. 그러나 발달과정에 있어 부모의 사랑을 무엇보다도 필요로 하는 시기의 자녀에 대해서 어떤 자녀가 귀엽고, 어떤 자녀는 귀엽지 않다고 하는 태도의 표명은 금지사항이다. 만약 부모가 모든 자녀에게 애정을 쏟아 붓고 있다는 것을 자녀들이 알면 형제자매의 고민도 거의 해소된다고 생각한다.

8세 여자아이인데 바른 태도를 가르치는 것이 쉽지 않습니다. 여동생을 자주 괴롭힙니다. 130

초등학교에서는 바른 행동을 가지고 있으므로 가정에서의 교육에 대해 대답하겠다. 아무리 애를 써도 움직이지 않는 경우에는 왜 하고 싶지 않다고 주장하고 있는지의 원인을 찾는 것부터 시작한다. 그 후로는 정말로 이런 이유가 있었나하고 납득시키는 것도 상당수 있다. 그 원인이 시시한 것으로 자신의 의욕이 현재 하나도 내키지 않는다고 생각될 경우는 '역할연기' 놀이를 통해 그 행동이 이루어지게 한다. 즉, 부모가 그 아이가 되고 딸은 5세 연하의 여동생을 역할을 하도록 하는 극놀이를 해 본다. 극놀이를 하는 것은 상상 외의 것이겠지만 인형 한 쌍과 약간의 과자상자, 장난감 가구 등이 있다면 무대는 준비완료이다. 여기에서 누나 인형이 동생 인형을 괴롭히는 연기를 하면, 동생 역할을 맡은 언니는 '그만해'라고 하거나 혹은 우는 연기를 할 것이다. 다운증후군 아동은 **정서감각**이 무척 우수하게 발달해 있기 때문에 이러한 **감정이입** 활동에 비교적 쉽게 참여할 수 있다. 그 결과 괴롭힘을 받는 심리를 자각하게 되어 앞으로는 괴롭히지 않게 되는 일이 실제로 자주 있다.

131

4세 다운증후군 여자아이인데, 안경을 쓰라고 해도 싫어하며 쓰지 않습니다.

딸이 싫어하는 상태이므로 무리하게 안경을 쓰게 하는 것은 단념하는 것이 중요하다. 그리고 딸이 눈으로 보고 즐거워하고, 기쁨을 느낄 수 있는 기회를 많이 제공하는 데 신경을 써주길 바란다. 그렇게 한 뒤 1년 정도 지나서 또 안경을 쓰게 할까 어떻게 할까를 판단해 본다. 안경을 써서 **시력**이 개선되면 딸은 이후 안경을 벗으라고 해도 벗지 않게 될 것이다. 그러나 이렇게 되지 않도록 계속해서 안경을 쓰고 싶어하지 않는 경우는 어떠한 판단을 해야 할까? 그 때 일상에서 제법 거리가 떨어져 있는 작은 물건을 식별할 수 있으면 시력장애는 거의 걱정할 필요가 없다고 생각한다. 안경이라는 것은 잊는다. 그래도 걱정이 된다면 별도로 안과의사에게서 진단을 받아볼 것을 권하고 싶다. 다운증후군의 안과적 문제를 진진하게 진찰해 주는 의사는 그렇게 많지 않다. 여러 가지 의견을 종합적으로 판단하는 것이 좋다고 생각한다.

132

이 닦기를 싫어합니다.

영구치가 나오면, 이 닦기를 습관화해야 한다. 이를 위해 아동의 입을 벌리고 작은 칫솔을 사용해서 이 닦기 동작을 즐겁게 해 준다. 이 질문처럼 **이 닦기**를 싫어하는 것은 아동이 즐겁지 않다고 느꼈기 때문이라고 생각한다. 그러므로 즐거운 마음으로 하는 중요하다. 혹은 큰 칫솔 때문에 입에 들어가면 구역질이 날지도 모른다. 아니면 치약의 맛이 너무 자극적일지도 모른다. 어쩌면 어머니의 지나친 지시에 반항하고 있을지도 모른다. 이러한 가능성을 하나하나 점검해 보고 개선해가야 할 것이다.

이갈기가 무척 심한데 그냥 두어도 괜찮을까요? 133

이**갈기**에 대한 의문은 굉장히 많다고 생각한다. 무엇 때문에 이갈기를 하는 것일까? 이것은 아동의 신체에 발생된 심리적 반응의 문제행동이다. 그 심리적 원인을 파악하지 않으면 이갈기에 대한 고민이 계속될 수밖에 없다. 우선 이갈기는 과대한 힘이 위, 아래의 치아 사이에 걸쳐 턱에서 어긋나는 운동으로 인해 생기며 마찰음이 발생하고 그 소리가 이갈기로 인식된다. 이 운동은 정신적 긴장이 있을 때에 종종 일어난다. 그러므로 이갈기의 원인은 강한 스트레스를 느끼고 있기 때문이라고 설명하기도 한다. 이갈기를 함으로써 스트레스를 해소하고 있다는 가능성에 대해서도 이야기 한다.

그러나 자고 있을 때에 전형적인 이갈기를 강하게 하는 아동도 있다. 그 경우는 수면 중이어도 뇌 안에서는 오후에 경험한 스트레스의 강한 장면을 꿈에서 보고, 그 긴장이 이갈기로 발생되고 있다고 설명된다. 또한 깨어 있는 상태에도 주변 사람으로부터 어떤 행동을 하도록 들으면 그 일로 긴장이 높아지고 갑자기 이갈기를 요란스럽게 하는 경우도 있다. 이러한 것은 스트레스가 원인으로 이갈기는 그 스트레스를 해소시키기 위한 심리적 구체적 반응이라고 표현되고 있다. 그러나 한편으로 완전혀 반대 상황에서 이갈기를 하기도 한다.

예컨대 꿈속에서 놀고 있을 때는 이를 갈지 않지만 아무것도 하지 않게 되면 일어나는 이갈기가 있다. 이것은 할 일 없이 따분할 때 이를 간다고 말할 수 있다. 꼭 강한 스트레스가 있어야 이를 가는 것은 아니다. 그러나 여유가 있는데 무엇인가 재미있는 체험을 할 아이디어가 생각나지 않으면 시간을 보내려고 이를 갈아버리게 된다.

이를 갈면 턱에서 진동이 발생하는데, 그것이 뇌에 전달되면 쾌감을 느낄 수 있을 것으로 예상된다. 강한 스트레스의 경우에도 이갈기는 뇌에 전해져 쾌감을 느낄 수 있을 것이라고 생각한다. 그 외에 치아 사이의 부정교합이 있거나, 턱의 위화감이 있으면 이갈기가 발생된다. 이러한 지식을 염두에 두고 아동의 이갈기가 어떠한 원인에서 생겨나고 있는가를 밝혀내어 그 근본원인을 제거하거나 혹은 그 원인이 파급하는 영향력을 극복할 수 있도록 좋은 자극(재미있는 놀이 등)을 제공해 주는 것이 치료의 원칙이라고 본다.

134 손가락 빨기가 무척 심합니다.

다운증후군 아동의 **손가락 빨기**에 관한 상담은 많다. 왜 손가락을 빠는지는 불분명하기 때문에 대처방법도 부모의 희망에 적합한 형태에서 생각해야만 한다. 그러나 만약 아이가 손가락 빨기로 시간을 보내고 있는 것이라면, 그것을 문제시하는 것은 오히려 역효과를 가져올 수 있다. 입안에 손가락을 넣고 있으면 위장 안의 음식물을 소화하는 데 효과가 있다는 최근의 연구결과를 들었기 때문에 한 가지 생각으로 손가락 빨기를 하지 못하도록 제지하는 것은 그다지 마음이 내키지 않는다.

치과의사는 손가락을 너무 오랫동안 빨게 되면 치아배열이 좋지 못하게 되고 뿐만 아니라 **덧니**가 된다고 한다. 그러나 대부분의 아동은 얼마 지나지 않아 손가락을 사용해서 놀게 되고 어느 사이에 손가락 빨기가 없어지게 된다. 여기에서 손가락 빨기가 심하다라고 표현한 것은 지나치게 손가락을 빨아 손가락의 피부가 불어서 하얗게 되는 상태를 보고 말하는 것이리라 미루어 짐작한다. 그렇지만 손가락을 사용해서 물건을 잡고 놀게 되면 그 쪽이 더 즐겁다는 것을 알게 되기 때문에 손가락 빨기를 곧 그만두게 될 것이다. 어떻게 해서든 손가락 빨기를 하지 않도록 가르치려는 강한 결심이 있다면 많은 방법들이 육아서에도 쓰여 있으니 그것을 참고하면 좋겠다.

소변 실수가 많은데 이것도 다운증후군과 관계가 있나요? 135

소**변 실수**와 다운증후군과는 본질적으로 관계가 없다고 생각한다. 그러나 소변 실수가 발생되는 원인은 우선 자신의 신체지각이나 인지적 관점에서 다운증후군 아동이 다소 늦는 경향이 있으므로 그러한 의미에서 관련성은 부정할 수 없다.

소변이 **방광**에 꽉 찬 상태가 되면 방광에서 그것을 알려 주는 신호가 신경계에 전해져 뇌중추에 도착하게 된다. 뇌중추가 그 신호를 이해한 경우에는 “화장실에 가자.” 또는 “어머니에게 화장실 가고 싶다고 말해.”라는 운동개시 명령을 하는 것이 보통이다. 이러한 과정 속에서 어떤 것이 둔해지면 소변을 그냥 실수하게 된다. 추운 환경에서 몸 전체가 차가워지면 방광의 지각이 둔해지게 된다. 소변이 고여 있든지 또는 고여 있지 않은지가 불분명해지고 틀린 정보를 전달하게 되는 일도 일어난다. 뇌중추라도 체험이 없으면 애써서 받은 방광 상태에 대한 정보를 정확하게 이해하지 못하고 방치해 두어 소변을 그냥 누는 일이 일어나기 쉽다. 또한 모처럼 뇌중추가 배뇨의 시기가 가까이 왔다는 것을 잘 판단한다 해도 그 신호를 신체에서 반응을 잘 못하게 되는 경우(자유롭게 이동할 수 없는 일)도 있다. 결국 소변 실수의 치료는 각 단계를 체크하여 전체의 연속적 동작이 원활하게 흘러가도록 반복해서 연습을 하는 수밖에 없다.

136 다운증후군 아동의 화장실 사용훈련은 일반 아동과 동일하게 해도 될까요?

확실하게 말씀하신 그대로 이다. 잘 배설했다는 경험을 몇 번쯤 반복하게 되면 그 경험으로부터 신체에 일정한 조건을 붙여 놓는 것이 화장실 훈련의 기본이 된다. 대변, 소변의 배설에는 대개 일정한 규칙성이 있기 때문에 그것을 잘 파악해서 그 시간이 되면 아동용 변기에 앉혀 배설을 하도록 하고 배설을 잘 하면 크게 칭찬해 주는 것이다. 그러한 이상적인 훈련이 가능하기 이전 단계에도 배설한 직후에 아동이 가르치는 동작을 하면 그것도 칭찬해 주어야 한다. 왜냐 하면 그것은 아동이 **배설**이라는 것을 의식하기 시작했기 때문이다.

비만은 역시 좋지 않겠죠. 무슨 대책이 없나요? 137

비만은 분명하게 부정적인 측면이 많다고 생각한다. 다운증후군 아동이 비만이라고 판단될 경우, 부모의 노력으로 어느 정도 비만을 극복할 수 있다는 것을 가르치는 일이 중요하다.

이것은 아동의 노력이 아니라 부모의 노력이다. 왜 비만이 되었는지를 우선 생각해 본다. 부모와 가족 전원이 모두 비만경향을 보인다면 가족 전체가 비만 대책을 함께 생각해 볼 필요가 있다. 식사의 내용, 어떤 음식을 즐겨 먹는가, 간식의 습관에 대해서도 알아본다.

높은 칼로리 즉, 지방을 어느 정도 섭취하고 있는가를 조사한다. 그리고 운동을 해 보자고 대화를 나눈다. 그러나 현실적으로 땀을 흘리는 운동을 하는 것은 무척 힘이 든다. 현실과 동떨어진 계획은 처음부터 실행하지 않고 단념한다. 그리고 한 끼의 식사량을 조금씩 줄여 간다. 그것도 자신만을 표적으로 하면 가족의 단란한 즐거움이 깨어져 버리기 때문에 가족 전원이 다이어트를 고려한 다양한 식사를 하도록 한다. 거기에는 어려운 영양 칼로리 계산도 있기 때문에 그 쪽 방면의 지도는 보건소와 의료기관의 영양지도 전문가에게 부탁을 하는 것이 좋다. 만약에 아무렇지도 않은 듯이 격한 운동을 적당하게 하게 되면 그것을 지속하도록 이야기해 준다. 수영과 산책도 정기적으로 한다면 반드시 운동의 효과가 있다. 자신의 자각도 중요하다. 사춘기 정도가 되면 미적인 자의식이 생기기 때문에 그것에 의존해 본다. 예컨대 "배가 조금 들어간 것 같아. 멋진걸!"과 같은 말을 해 준다.

절대로 비꼬거나 헐뜯어서는 안 된다. 일반적 성장기에 있는 다운증후군 아동이라면 체중을 줄이는 것보다 그 체중을 유지해야 한다. 키가

자라게 되면 자연적으로 정상 체중에 가깝게 된다.

138 개별 치료교육 상담을 받았는데 "일반 아동처럼 키우면 됩니다."라고 말합니다.

이 의사처럼 "일반 아동처럼 키우면 된다."는 대답 방법은 최근 많은 일반 소아과 의사가 장애를 알릴 때 이용하는 설명의 방식이라고 듣고 있다. 또한 이런 말을 들은 부모 쪽에서는 그 나름대로 불만이 있다는 것도 알고 있다. 역시 개별적으로 구체적인 질문을 받아서 그것에 대답하도록 하지 않으면, 다운증후군 아동의 육아와 교육에 관한 앞으로의 일에 대해서 안고 있는 다양한 불안을 덜어내지 못하게 된다. 특히 한 아동의 경우에는 그것 밖에는 말하지 않고 이야기를 끝내려는 것은 너무 혹독한 것이다. 물론 결과적으로는 그 생각이 바르다고 본다. 우선 육아서를 구입해서 일반 아동이 어떤 순서로 발달단계를 거치는지에 대해 알아보는 것이 중요하다. 또는 근처의 또래 연령의 아기를 자세히 관찰하는 것도 좋은 방법이다.

그러나 자신의 자녀가 다운증후군, 즉 장애를 가진 아동이라는 걱정이 생겼을 경우에는 육아서를 펼쳐보거나 건강한 아기의 가정과 관계를 맺는 것은 상당한 용기를 필요로 하는 일이다. 그러한 용기가 생겨나기 전까지는 치료교육 전문가의 지원이 필요하다고 생각한다. 물론 처음부터 자녀의 장애에 구애받지 않고 육아에 열성적인 부모도 있다. 다운증후군 아기를 양육하기 시작한 어머니가 심리적 갈등 단계를 전체적으로 다 거친다고 생각하는 것도 크게 틀린 것이다.

어머니의 기분 또한 개별적 특성이 있고 가족마다 독자적인 상황이 모두 다르다. 어떤 아이로 기를 것인가 하는 것은 다양하다. 장애를 알릴 때는 그 다양성에 대응하여 지원을 시작한다는 생각이 있어야지 치료교육 상담의 의의가 있다. 걱정하지 말고 자신의 경우에 대한 상담을 하길 바란다.

부모가 야단을 치면 벽과 마루에 머리를 부딪칩니다. 139

아동은 생활 속에서 언제나 여러 가지 자극을 받고 있다. 그것을 스트레스라고 바꾸어 말해도 괜찮을지 모른다. 스트레스를 받았을 때에 처리를 잘 할 수 있다면 좋겠지만, 때로는 처리를 하지 못하고 스트레스의 나쁜 점만이 다운증후군 아동을 움직이게 한다.

그러면 그러한 스트레스에 대한 반응으로서 자신의 신체 일부를 상처내는 행위가 발생한다. 말하자면 엉뚱한 화풀이인데, 그것에 의해 스트레스를 해소시킬 수 있다고도 한다. 부모로부터 야단을 맞으면 **자해행위**가 생기는 것은 주의 받은 것이 이해되지 않고 납득이 되지 않았다는 증거이다. 만약에 부모의 야단에 대해 이해를 하였다면 스트레스는 그다지 많지 않을 것이다. 그러므로 주의를 주면 자해행위가 생기는 것으로 보아 부모의 꾸중이 다운증후군 아동에게 충분하게 이해되도록 하지 않았다고 할 수 있다. 야단을 칠 때는 다운증후군 아동이 쉽게 이해할 수 있도록 하는 것이 중요하다. 급하게 '안 돼.' 하고 말해도 모른다는 사실을 알아야 한다.

140 야단치는 방법에 대해 고민하고 있습니다.

특히 심하게 야단을 친 후에는 그 야단친 방법이 효과가 없고 부모 자식의 사랑에 의문을 제기하는 역효과 밖에 없다고 생각하고 있는 것 같다. 그래서 고민하고 있다는 것으로 생각된다. 다운증후군 아동을 야단치는 것은 교육이라는 견지에서 보면 타당한 목적이 있다고 믿고 있을 때가 반드시 있다. 바른 훈육을 통해 아동의 사회성, 정신적, 의사소통적 수준이 높아진다고 믿고 있다면 당연히 야단을 쳐야 한다. 그러나 어떤 방법으로 야단을 치면 좋을까하는 것은 별개의 고민이다. 역시 야단맞는 아동이 그 이유를 이해하는 것이 제일 우선이다. 그러므로 반드시 알기 쉬운 말로 야단을 쳐야 한다. 더욱이 가능하다면 부정적인 언어사용은 피한다. "안 돼" 혹은 "참아"라고 하는 의사소통 방법으로는 아동이 이해를 하지 못한다. 그러나 "앗, 이것은 이렇게 하면 좋겠네" 혹은 "이제부터 이렇게 해 보렴, 모두가 착한 아이구나"하고 칭찬해 주는 것과 같이 좋은 행동을 가르쳐서 유도해 주는 쪽이 아동이 이해하기 쉽다는 것을 알 것이다.

물론 감전사고 직전에 있는 것처럼 굉장히 위험한 것을 아동이 하려고 하는 것을 발견한 상태에서는 어머니가 피 끓는 소리로 "위험해!" 하고 외치고 아동을 즉시 멈추도록 하는 것도 필요하다. 우리의 인생은 해도 좋은 것과 해서는 안 되는 것에 대한 판단이 요청되는 순간의 연속이다. 어릴 때부터 장난을 하면서 즉시 멈추고 즉시 처리하는 좋은 판단을 할 수 있는 사람으로 훈련할 필요가 있다. 아동의 장난은 살아 있는 교육의 기회라고 생각하고 부모의 가치관을 그대로 반영해 준다.

141 정말이지 내 아이를 사랑할 수 없습니다.

이러한 숨김없는 말을 들으면 한층 상쾌한 기분이 든다. 부모로서 자신의 아이를 사랑할 수 없다는 것은 납득하기 어려운 일이지만, 동시에 자신의 기분을 속이지 않고 말할 수 있는 것은 고무적이라고 생각한다. 그렇다면 어찌하면 좋을까? 현재 사랑할 수 없다는 것이 영원히 사랑할 수 없다는 것은 아니다. 그러므로 자기 자신에 대해서만은 거짓말 하는 것을 그만둬도 괜찮다. 그러나 아이에 대해서는 부모를 선택할 수 없는 자녀의 입장을 생각해서 적어도 최소한 사랑을 받고 있다는 기분이 들도록 아이를 품어 주어야 한다. 그러면 반드시 당신 대신에 자녀를 누구보다도 깊게 사랑해 줄 수 있는 사람이 가족 중에서 나오리라고 생각한다.

부모자식 간 사랑의 깊이는 모든 아동이 똑같지 않다. 자녀 모두를 공평하게 사랑하는 부모도 있지만, 좋고 싫음을 확실히 하는 부모도 있다. 하지만 미움을 받는 자녀는 마음에 상처를 입기 때문에 결코 입으로 말해서는 안 된다. 만약 다운증후군이라는 이유로 그렇다고 한다면 우선 다운증후군이라는 것을 잘 이해할 필요가 있다. 알지 못하기 때문에 거부감이 찾아들지 모르기 때문이다. 그렇지만 다운증후군이라는 것과는 관계가 없다면 왜 사랑하지 못할까하고 자문자답 해 보길 바란다. 그리고 얻어진 이유에 대해서 배우자와 진솔한 대화를 나누는 것이 좋다고 생각한다. 그것 때문에 아동에게 상처주지 않도록 어머니와 아버지가 서로 감싸 안고 대응하길 바란다.

142

내 딸은 어느새 35세가 넘었습니다. 내가 죽기 전에 딸이 나보다 먼저 죽어 주었으면 하는 생각이 가끔 들곤 합니다.

부모가 볼 때 자녀는 아무리 나이가 들어도 아이로 보이고, 특히 자녀가 장애가 있는 경우에는 성인이 되어도 괜히 어린 아이로 취급하려는 마음이 있다고 생각된다. 또한 이 질문의 편지에는 지금까지 험한 세상을 많이 경험했기 때문에 장애인 자녀가 혼자 남아 생활할 것을 생각해 부모보다 하루라도 먼저 죽어주었으면 하는 생각을 할 수 있다는 것에 동정을 금할 길이 없다. 그렇지만 부모자식 관계를 눈여겨보면 앞에서 말한 것처럼 자녀는 나름대로 자립할 수 있는 존재라고 생각한다. 반드시 혼자 설 수 있는 존재이다. 부모의 인생에 완전히 짜맞춰져 버리게 되면 딸에게 자립은 없다. 딸에게는 자신의 인생이 있다고 생각해 보자. 그것이 어머니의 눈에는 가혹한 것이라고 생각할지도 모르지만 틀림없이 딸만의 중요한 가치가 있는 인생이다.

그녀의 인생에 있어서 그녀는 존재할 가치가 있다. 이와 같은 심정에서 당신의 어머니도 또한 당신을 내보냈을 것이다. 또한 전국 각지의 **부모회** 조직(부록 참조)도 처음에는 미약했지만 지금은 활발한 활동을 하고 있다. 그 단체에서 부모가 사망한 가정을 순회하며 남겨진 장애인 자녀에게 복지서비스가 잘 이루어지고 있는지를 감시하는 **후견인제도**가 생겨날 것으로 기대하고 있다. 치료교육에 종사하는 우리들도 그것을 위해서 계속 노력할 것을 약속한다. 그러므로 딸이 자신의 인생을 보낼 수 있도록 딸에게 사랑의 눈으로 봐 주길 바란다.

결혼 적령기가 되었는데 어떻게 하면 좋을까요? 143

성에 대한 문제(144번 항목 참조)는 다운증후군이기 때문에 무엇인가 특별한 의미를 부여하지 않으면 안 된다는 생각부터 버리길 바란다. 세상에는 도량이 넓은 세계가 있다. 외국에서는 다운증후군 성인들의 결혼이 점점 증가하고 있다. 결혼할 수 있는 사람은 예외적으로 좋은 발달을 했기 때문이라고 생각하는 사람들이 적지 않다. 하지만 실제로는 그렇지 않다고 생각한다. 자세히 보면 대부분은 주위 사람들의 지원이 있기에 결혼생활을 무사히 유지할 수 있다고 한다. 물론 거기에 이르기까지는 그룹홈에서의 생활체험 등 많은 노력이 필요한 것은 사실이다.

어렸을 때부터 장래에 결혼을 염두에 두고 일상생활 교육과 소양을 몸에 익히도록 확실히 양육을 받아 왔다. 그렇지만 취직이 곤란해서 수입이 빈약한 커플도 있다. 그것을 보고 경제적으로 완전하게 자립할 수 없으면 결혼하는 것은 무리라고 비난하는 소리도 하나둘씩 들려온다. 그러나 조금 더 깊이 생각해 보면, 경제적으로 완전히 자립한 상태로 결혼생활을 하고 있다고 자부할 수 있는 정상인 커플이 어느 정도 있을까? 잘 살펴본다면 부모와 친척을 포함한 주변 사람들에게 직접적 혹은 간접적으로 지원을 받아가면서 생활을 하는 커플이 굉장히 많은 것은 분명하다.

그래서 알고 보면 사회 구조가 다운증후군을 포함한 장애를 가진 사람들의 결혼 가능성을 제한하고 있다고 생각한다. 그러므로 절대 특별한 취급을 하지 말고 결혼의 가능성이 있는 다운증후군 아동으로 교육해 주길 바란다. 내 생각은 아무 배려 없이 다운증후군 성인들에게 결혼을 권유하는 것은 아니다. 결혼은 상대 배우자에게 중대한 책임을 지는 것을 의미한다. 더구나 아이가 생겨날 가능성이 있다. 책임을 지고 기르지 않으면 안 된다. 교육도 시키지 않으면 안 된다. 또한 이러한 것을 부모로서 받아들일 각오가 필요하다는 것을 알아두지 않으면 안 된다. 사회적으로 볼 때 결혼이라는 것은 젊은 세대에 있어서 좋은 목표가 되고, 또한 성인으로서 새 출발한다는 것을 의미하므로 다운증후군 성인들에게 결혼의 기회를 빼앗아서는 안 되는 것이다. 어떤 목표를 향해서 생활을 향상시키기 위해 노력하고 있는 사람들이 있기 때문이다.

144 사춘기가 되면 성에 관한 문제를 어떻게 가르치면 좋을까요?

일반 아동의 성교육과 특별히 다를 것이 없지만, 다운증후군이라면 지능발달 장애가 있기 때문에 성교육이 어렵다고 생각하는 경향이 있다. 그러한 생각은 버리길 바란다. 우선 성에 관한 문제는 모두 개인의 고유한 권리로써 제3자가 절대로 규정하거나 강요해서는 안 되는 일이다. 지적장애가 있거나 없거나 상관없이 그 원칙은 변하지 않는다.

그러나 그 권리는 동시에 타인의 권리도 항상 존중하지 않으면 성립되지 않는 것이다. 따라서 순수한 사생활의 범위를 포함한다. 일본에서는 개인생활이라고 말하면 도덕과 관계 있는 수준의 침해행위와 관련지어 논의되는 경향이 있지만, 외국에서는 **성행위**나 **생식행동**과 관련해서 논의되는 경우가 많은 것 같다. 성에 대한 문제는 사생활의 의식을 기르는 것이기도 하다. 성을 부정하고 해결을 하려는 것은 미숙한 방법이다. 오히려 생리출혈을 스스로 처리 가능하도록 교육하고 피임행동이 가능하도록 확실히 교육하는 환경이 중요하다. 그 점에서 아직 준비가 완전히 되어 있지 않은 우리나라에서 이상만을 추구하는 것은 문제가 되지만, 원칙적으로는 장애인의 성을 억압하고 없어도 되는 것으로 속이는 것은 용납할 수 없다. 따라서 장애인의 사회에서 어떤 방법으로 성에 관한 지식을 전달할까하는 지식도 중요하다. 거의 대부분 일반 아동의 친구 사회의 모습과 다르지 않을 것이다. 따라서 좋은 정보를 전달해 주는 선배의 존재가 중요하게 요구된다. 선배와 후배의 만남이 오래 지속되도록 집단을 형성해 주는 것도 중요하다.

장애가 있으므로 장애가 없는 사람과는 다른 성의 이미지가 필요하다는 생각은 극히 위험한 생각이다. 그러므로 기본적으로는 일반 아동의 성교육과 같은 접근을 해 주길 바란다. 예를 들어 지적 판단력이 부족하더라도 거듭 반복해서 가르쳐 주면 반드시 이해하게 된다.

사춘기가 되면 갑자기 활동이 감소한다는 말을 들었습니다. 145

대부분 유아기에 지적 발달이 무척 좋아서 밝은 장래가 기다리고 있다고 모두에게 기대되는 다운증후군 아동에게 흔히 있는 일이다. 증상으로는 지적 수준이 상당히 저하되고 지금까지 이해했던 것도 잘 모르게 된다. 일상생활도 원만하지 못하게 된다. 한 가지 동작을 시작하면 계속해서 그 동작을 반복하고 있다. 얼굴표정도 희로애락에 대한 변화가 없어져서 마치 가면을 쓰고 있는 인상을 준다. 작업장(일터)에도 가기 싫어한다. 무리하게 권유하면 소리 내어 울기도 한다. 하루 종일 이불 속에 들어가서 일어나지 않는다. 심할 때는 **저혈압**을 일으킨다. 그리고 어떠한 설득도 들으려고 하지 않는다. 그 원인은 불분명하지만, 아마 사춘기 특유의 호르몬의 급격한 변동이 뇌 기능에 영향을 미치고 있을 수도 있고 구체적으로는 갑상선 기능장애가 나타나는 경우도 있다. 우선 **내분비 기능** 면에서의 의학적 진단을 받아 보는 것이 좋다. 이상이 발견되면 거의 모두 치료가 가능하다. 장시간 방치해 두면 그만큼 정신적 소모가 쌓이기 때문에 바로 잡아 주는 데 시간이 걸린다고 생각한다.

다음으로 정신적 원인으로 생각되는 사례가 있다. 상황을 깊이 있게 잘 관찰해 보면 동기가 되는 사건 같은 것이 있다. 그것이 확실하게 동기라는 증거를 입증하는 것은 곤란하지만, 다운증후군의 기분을 생각해 보면 심한 차별을 받은 경험을 말하는 경우가 종종 있다. 또한 이러한 과거 사건을 부모와 의사가 서로 의논할 때에 본인이 입회하면 문제가 거의 해결되는 일도 있다. 아마 자신의 심정을 이해해 주었으면 하는 바람이 너무 강하게 작용되었기 때문일 수 있다. 그것이 실현된 시기부터는 굳어 있던 태도가 부드럽게 변한다. 그리고 그러한 경우 심인성 정신적 억압상태라는 진단이 가능하다.

그러나 진단이 되지 않은 경우, 진료를 진행하는 것은 시행착오를 겪을 수 있다고 생각된다. 유감스럽지만 그 분야에 있어 경험이 많은 의사는 비교적 많지 않은 상태이다. 정신과 의사는 다운증후군의 심리를 어렸을 때부터 계속 진단해 온 것이 아니다. 자칫 잘못하면 향정신성 약물을 사용할 수 있다. 그렇게 됨으로써 점점 정신적 반응 상태를 혼란스럽게 하는 경우가 나타나고 있다. 나는 정밀한 진단을 거친 후에 보다 신중하게 투약하는 의사만을 신뢰하도록 이야기한다. **향정신성 약물** 투여는 무척 신중하게 고려하지 않으면 안 된다. 정신적으로 부작용이 생기기 때문에 간단하게 생각하는 것은 매우 곤란하다. 또한 다운증후군이 사춘기에 걸쳐 이러한 급격한 **정신적 하강**을 **알츠하이머**라고 진단하는 의사가 있지만, 그것에는 절대로 찬성할 수 없다. 알츠하이머가 임상적으로 정확히 촉발되는 것은 30대를 넘어서부터이다. 알츠하이머의 치료로 개발된 약물을 투여하는 가능성도 있지만, 다운증후군에게 알츠하이머 치료약물을 투여해서 효과가 있는지 없는지의 임상적 치료경험이 결코 많지 않다. 약물 투여는 미지의 실험이라고도 말할 수밖에 없는 것으로 더욱이 신중하게 행해져야 할 것이다.

치료를 위해서는 의사소통 의욕의 회복을 목표로 하고 가족과 단절되지 않은 공간에서 언어 이외의 수단을 통해 의사소통을 체험하는 것이 좋다고 본다. 그 점에서 음악치료는 굉장히 강력한 수단이지만, 음악치료에만 한정할 필요는 없다. 주변 사람들의 기분에 높은 관심을 갖도록 고려한 관계형성 방법을 알게 하는 것이 치료의 근간이 된다.

24세 아들이 아직 유아처럼 행동하고 있는데 어느 정도 어른으로 인정해야 하는지요? 146

어느 정도라는 것보다 가능한 한 항상 성인으로 대하도록 노력해야 한다. 그리고 아들의 행동에 대해 항상 아이 같은 행동밖에 눈에 띄지 않을 때 보다 바람직한 행동을 하도록 야단쳐야 하는가에 대해서는 치료교육 상담전문가에게 상담해 보길 바란다. 한 가지씩 어떤 것이라도 어른답게 행동할 수 있도록 단념하지 말고, 또한 부드럽게 박차를 가하는 것이 아들에게 상처를 주지 않고 교육하는 것이다. 교육적인 경험을 반복해서 깨닫도록 하여 사회인으로서 자격을 갖추는 것은 바른 일이다. 그것에는 단지 시끄럽게 꾸짖는 것이 아닌, 어떤 행동이 바람직한가를 실제로 가르쳐 주는 것이 효과적이다. 물론 어른 취급을 해도 처음부터 모든 행동을 잘 해낼 수는 없는 일이다. 관용의 마음을 갖고, 잘하지 못하는 것이 분명한 시점에서 나중의 결과를 위해 주변의 어른들이 적극적으로 나서는 것도 중요하다.

147 다운증후군 아동은 고집이 세다고 하는데 정말인가요?

실제 생활 장면에서 자녀가 고집이 세다고 생각되는 순간이 분명 많을 것이다. 그것은 무리가 아니라고 생각한다. 다운증후군 아동은 주변 사람들의 요구를 빨리 파악하여 그것에 맞게 행동을 하려고 노력하지만, 유감스럽게도 **표현언어 능력**이 떨어져 언어로 자신의 의사를 전달하는 것이 어렵다. 그러한 심정에서 만약 당신이라면 원하는 일이 있지만, 누구도 그것을 이해해 주지 않는다면 어떻게 하겠는가? 전부 포기해 버리겠는가? 자기주장을 조금은 하겠는가? 언어가 서투르기 때문에 어떤 태도로 자기주장을 하면 주변 사람들이 "이 아이는 고집이 세다."라고 판정을 해버릴지 모른다. 아동이든 어른이든 의사전달이 잘 안 되고, 또한 그것이 대단히 중요한 의미가 있을 경우는 좀처럼 전달하려는 행동을 단념하지 않는다고 생각한다.

완고한 성격은 **의사소통**에 대해 단념하지 않으려는 좋은 성격일지도 모른다. 다른 전달 수단을 제시하여 그것을 사용해 의사표현을 하도록 해 주어야 한다. 단순히 고집이 센 다운증후군 아동은 없다고 생각한다.

다운증후군 여학생이 길모퉁이에서 소년들에게 돈을 빼앗겼습니다. 자신을 보호할 수 있도록 지도하는 방법이 없을까요? 148

이 경우는 단순히 자기 몸을 방어하는 방법의 차원이 아니라, 약한 자를 협박하여 금품을 갈취하는 불량소년들에게 두 번 다시 그러한 범죄행위를 하지 않도록 대응하는 것이 필요하다고 본다. 때때로 피해자가 장애인이면 장애인 쪽으로 책임을 전가시키는 경우가 있기 때문에 무척 유감스러운 일이다.

선천성 백혈병인데 한 때는 좋아졌다가 3세 때 재발했습니다. 지금은 말기 상태라 입원과 퇴원을 반복하고 있는데 그 아동의 부모와 대화할 수 있는 방법을 가르쳐 주십시오(의료진으로부터). 149

이 부모에 대해서는 의사들이 적극적으로 대응해 주어야 한다고 생각한다. 예를 들어 그것이 세상을 바꾸는 일이라고 비난할 가능성이 있어도 부모가 인간으로서 자녀와 접할 시간을 주는 것에 대해 걱정할 필요는 없다. 먼저 부모에게 물어보자. 만약 자녀가 이대로 죽는다면 남겨진 부모와 다른 자녀는 그것을 어떻게 기억할 것인가에 대해 많은 애정을 쏟아 부어 주었다는 기억이 없다면 어떻게 될까? 그러나 현재 괴로운 상태이지만, 아이에게 가능한 한 많은 애정을 전해 놓으면 그 아이가 죽는다해도 기억에는 자녀와 부모 자신의 관계는 어떻게 남을까 하고 물어본다. 의사는 부모를 대신해서 그 고통을 감당할 수 없다. 어디까지나 부모의 마음이 문제이다. 남겨진 시간이 적으면 적을수록 아버지와 어머니는 아이에게 애정을 주는 것이 당연하다. 이것은 아이를 만족시키는 것뿐만 아니라 부모의 마음을 위로해 주는 일이기도 하다. 의료 관계자들은 아이의 부모에게 용기를 갖도록 도와주고 조언을 해 주어야 한다. 지금은 마음이 굉장히 괴로워도 몇 년이 지나면 아이에게 쏟았던 애정으로 어느 정도 부모의 마음이 만족될 수 있다는 것을 알아두길 바란다.

제 8 부

보육과 교육

취학 전 어린이집에서 어떤 것을 중점적으로 지도하면 좋을까요? 150

우선 화장실 사용과 옷 입고 벗기 등 신변생활 자립훈련에 중점을 두고 지도하는 것이 좋다고 본다. 그러나 이것에도 한계가 있다는 것을 염두에 두길 바란다. 모든 아동들이 완전히 똑같은 상태로 발달하는 일은 없다. 어떤 아이는 발달이 빠르고, 어떤 아이는 늦기도 하는 법이다. 그래서 신변자립에 대해서 너무 엄격하게 훈련을 강조할 필요는 없다고 생각한다. 반대로 정신적인 면에서는 반드시 자아를 성숙시키고 자신의 생각을 갖고 자존심이 있는 행동을 할 수 있도록 지도한다. 인간은 호기심과 의사소통을 하려는 의욕만 갖추어져 있다면, 반드시 그 이상의 발달을 한다. 그러한 의미에서 친구관계가 즐겁게 맺어지도록 배려를 해야 한다고 생각한다.

1세 8개월입니다. 4월부터 어린이집에 갑니다. 선생님께 어떤 부분을 부탁하면 좋을까요? 151

다운증후군 아동이 어린이집에 입학해서 좋은 점을 한 번 생각해 보자. 가정의 사정에 따라서는 부모 모두가 일을 하고 있기 때문에 오후에도 아이를 맡아주어 상당히 도움을 받을 수 있다. 그렇지만 아마도 최대의 장점은 **통합보육**의 효과를 기대하는 것이리라 예상된다. 다운증후군 아동에게 있어 통합보육이라는 것은 무엇인가? 그것은 아이가 또래 아이와 같다는 자의식을 갖도록 하는 것이다. 또래 아동이란 같은 반에서 같은 공간에 있는 아이들을 말한다. 그들을 보고 자신도 그들처럼 해 보고 싶다고 의욕을 갖게 되도록 희망하는 것이다. 많이 초조해 할 것은 없다. 자연스러운 만남 속에서 자신과 타인을 구별하고, 다른 아이들은 어떤 행동을 하는가를 열심히 탐색한다. 그것에 시간이 걸린다해도 이해해 주자.

친구가 되기 위해 1년이 걸린 적도 있다. 자신이 이 아이들과 같다는 자의식을 어떻게 하면 길러 줄 수 있을까? 그것은 항상 다른 아이들과 차별하지 않고 대해 주는 것이 매우 중요하다. 아동은 이해력이 충분히 있다. 어른이 행동을 복잡하게 하지 않으면 즉시 이해한다.

그러므로 선생님에게 다른 아이들과 똑같이 생각하고 대해 달라고 부탁하기 바란다. 그러나 신체근육의 연약함이 있고, 다른 아이라면 가능한 체조가 잘 되지 않는 일들이 있을지 모른다. 그 경우 어떻게 해야 할까?하는 것이다. 그렇지만 절대로 다운증후군이기 때문에 특별한 취급을 하지 말고, 그 아이가 그러한 신체 상태로 태어났기 때문에 미리 알고 있는 범위에서 무리하지 않도록 체조를 시키면 좋을 것이다. 또한 그러한 배려는 어린이집의 다른 아동에게도 적용되는 것이 당연하다. 결코 다운증후군이기 때문에 그렇다고 하는 예외적인 접근 방법을 취해서는 안 된다. 아동 한 명 한 명 모두 개성이 있기 때문에 어떤 운동은 특별히 잘하지만 다른 활동은 그다지 잘 못하기도 하는 것과 같은 것이다. 다운증후군 아동도 그와 같이 발달과 성장 면에서 불균형을 갖고 있는 아동으로서 보육을 받으면 아동들의 동료의식이 무척 강하게 유지된다. 이러한 것을 선생님에게 부탁해 두어야 한다.

152 말이 늦은 다운증후군 아동을 맡고 있는데, 어린이집에서 어떤 것을 해 주면 좋을까요?

첫째로 **통합의 철학**을 가지고 다운증후군 아동이 일반 아동의 또래 속에서 자의식을 확고히 기를 수 있도록 배려해 준다. 차별 없는 아동 세계에서의 교류는 자립심과 함께 의사소통의 의욕을 상당히 잘 기를 수 있다. 어린이집은 그런 면에서 매우 주요한 곳이다. 어린 아이이지만 자신의 생각과 의사를 잘 표현하도록 기회를 준다. 그것을 표현하기 위해 여러 가지 의사소통 방법에 관심을 가지고 자신의 의도를 상대방에게 어떻게 전달할 것인가 깊이 생각하게 된다.

그리고 **그림책**은 자주 읽어 주는 것이 좋다. 그렇게 하면 그림책 안의 대화를 어느새 기억하게 된다. 일상적인 인사말도 잘 활용한다. 그것은 정해진 말을 쉽게 사용할 수 있기 때문이다. 이렇게 해서 조금이라도 많은 말을 실제로 하게 되면, 점차로 대화하는 것에 자신감을 갖게 된다. 그 반대로 조심해야 할 것은 발음 하나 하나에 대해 지적하고 정확한 발음을 강요하는 일이다. 그러면 갑자기 말하려고 하지 않게 된다. 불명료한 발음을 할 때에는 정확한 발음을 친절하게 들려주는 것이 효과적이다.

153 **발음이 명료하지 않은 유치원생 다운증후군 아동입니다. 인사말은 확실히 할 수 있습니다. 학예회 같은 행사 때 대사를 맡겨도 될까요?**

다운증후군 아동이 가진 언어 장애의 본질을 잘 이해하지 못하고 있는 것 같다. 이 연령의 다운증후군 아동은 뇌 안에서 갑작스러울 정도로 언어가 증가하고 있는 시기라고 생각한다. 그 아동은 인사말을 듣고 무슨 뜻인지 기억하고 있을 것이다. 기억한 말이 반드시 그대로 말하는 언어가 되지는 못한다. 사람은 성대를 중심으로 목의 근육을 잘 사용해서 발음을 한다. 더구나 뇌의 내부에도 어떤 언어를 소리로 낼 것인가 하는 선택을 하지 않으면 안 된다. 다운증후군 아동은 그 양쪽을 동시에 사용할 수 있는 능력이 미숙한 시기가 길다고 생각한다. 그러한 상태에서 일정한 순서로 대화를 반복해서 지속시키는 것이 많은 도움이 된다.

예를 들면 아침인사이다. 인사는 언제나 일정한 말로 하기 때문에 뇌의 내부에서 몇 개의 언어 후보를 만들어 언어를 선택하지 않아도 되기 때문에 마음이 편하다. 이러한 전형적인 말을 많이 사용할 수 있게 되면 대화에 자신감이 생기고, 약간의 수정을 덧붙이는 것도 가능하게 된다. 그래서 뇌의 내부에서는 언제나 말을 선택하지 않으면 안 된다고 하지만, 하나의 의미를 말하는 것에도 여러 가지 말로 표현하는 방법이 있다. 그것을 선택하기까지는 시간이 걸린다. 몇 개의 같은 의미의 말이 후보가 되어 뇌의 내부에서 떠오를 때, 선택하지 않고 말로 표현하는 순간에 제한이 생겨 말더듬 증상이 나타난다. 빨리 말을 해버리려는 습관도 생기고 발음이 불명료하게 된다. 그러나 뇌 속에 하나의 말만 떠오르는 경우, 초조해하거나 긴장하는 일도 없기 때문에 명료한 발음이 가능하다. 무대에 등장해서 각본에 있는 대사를 말하는 경우가 여기에 해당된다. 학예회 행사에서 대사를 주어 말을 하도록 해 주길 바란다.

싫어하는 음식은 절대로 먹지 않는데, 어찌하면 좋을까요? 154

식사는 생명유지에 필수적이기 때문에 부모 입장에서는 특히 신경쓰이는 일이다. 그러나 인간의 신체는 잘 조직되어 있어서, 신체에 부족한 영양소가 있으면 그것을 몹시 찾는 행동을 하는 현상이 생긴다. 그러므로 너무 지나치게 어른의 생각으로 간섭하지 않는 쪽이 좋다고 생각한다. 섭식은 생리적 현상이기도 하고, 생리적으로 도저히 받아들일 수 없는 음식물을 무리하게 먹게 하려는 것은 일종의 고문이라고 해석된다. 아이의 기분을 생각해서 가능한 한 즐거운 분위기에서 식사를 하게 하는 것이 중요하다. 만약에 아이가 먹지 않아도 다른 사람들이 즐거운 모습으로 맛있게 먹는 것을 보게 하면, 다음에는 스스로 먹어보려는 마음이 생기게 된다. 특히 또래의 아이들이 먹으면 따라서 먹게 된다.

집에서는 먹지 않으면서 어린이집이나 유치원에서는 잘 먹는 아이들이 많다. 강제적으로 좋아하는 것과 싫어하는 것을 없애는 교육훈련을 하고 있는 시설에서는, 많은 아동을 오랜 시간 맡아서 생활하고 있기 때문에 싫어하는 음식을 무리하게 입에 넣어 주고, 토하려고 하면 어른의 손으로 입을 막고 절대로 입 밖으로 음식을 내보내지 못하도록 하고 있다고 한다. 그리하여 모든 아동의 편식 습관이 없어졌다고 발표하는 어느 원장선생님의 이야기를 들은 적이 있다. 정말 아동의 정서를 무참히 짓밟는 방법이라고 뚜렷이 기억하고 있다.

155

장난이 심해 야단을 칠 때, 다른 일반 아동과 같은 방법으로 해도 될까요?

기본원칙은 그렇다. 일반 아동에게 야단을 칠 때는 꾸중을 듣는 이유를 설명한 후 야단을 치는 것이 당연하다. 그 이유가 납득될 때, 다음에는 그런 장난을 하지 않게 된다. 다운증후군 아동의 경우도 같은 방법으로 야단을 치며 꾸중을 듣는 이유를 잘 설명해 주는 일이다. 그리고 안 되는 것은 그 자리에서 즉시 안 된다고 가르치는 것이 중요하다. 상당한 시간이 경과한 뒤에 말로 야단만 치면 아이의 입장에서는 그 상황을 좀처럼 이해할 수 없기 때문이다.

156

3세 반 학급에 다운증후군 아동이 들어왔습니다. 다른 아동들이 위화감을 갖게 되었을 때 어떻게 설명해 주면 좋을까요?

아마 누구도 **위화감**을 갖지 않으리라 생각된다. 아이들은 아마 특별히 생각하지 않을 것이다. 그래도 위화감을 갖는 아동이 질문을 한다면, 그 질문에 대해 솔직하게 대답해 주는 것이 좋다고 생각된다. 누구라도 정직한 만남을 갖게 되면 위화감이 있다하더라도 편견과 차별로 이어지는 일은 없을 것이다.

일반 아동이 다운증후군 아동을 바보 취급하거나 괴롭힐 경우에 어떻게 대처하면 좋을까요? 157

물론 바보 취급을 하거나 괴롭히는 것은 용서할 수 있는 일은 아니다. 즉시 어른이 중재해 주어야 한다. 그러나 그러한 경우에는 교육적 차원에서 바보 취급한 내용이나 괴롭힌 동기를 물어 보아야 한다. 아동들 사이의 교제에서 때로는 바보 취급하거나 괴롭히는 장면이 가끔씩 발생한다. 만약 그것이 알려지지 않은 차별과 편견에 기초해서 인간성을 모욕하려는 성질의 것이라면, 아주 작은 일이라도 용서해서는 안 된다. 그러한 것은 잘못된 것이라고 어른이 타이밍을 잘 맞추어 정확히 가르쳐주어야 한다.

그러나 아동 또래 내의 질서와 규칙을 가르치는 상황에서 가끔 따돌림을 받고 있다면, 조금 더 그 상태를 지켜보고 대응하는 것도 좋다고 생각한다.

역할놀이를 할 때 무엇을 지원해 주어야 좋을지 고민하고 있습니다. 158

역**할놀이**라는 것은 특정한 상황에서 필요한 적절한 태도와 행동을 취할 수 있도록 놀이의 형태로 그 상황을 설정해서 연습을 반복하는 것을 말한다. 인형을 사용하거나 모형 가구를 사용해서 가능한 한 현실 상황에 근접한 이미지를 만들어주도록 노력한다. 그래서 그 역할놀이의 준비가 다 되었다고 할 때, 어떤 방법으로 권유를 하면 좋을까 하는 질문인 것 같다. 크게 염려할 것은 없다고 본다. 놀이이기 때문에 신경 쓰지 말고 "자, 놀자."라고 말을 걸어 주면 된다. 만약 아동이 반응하지 않으면 잠시 기다려 주고, 그래도 할 의사가 없으면 그만두면 된다. 끈질기게 권유하면 오히려 아동 쪽에서 경계를 하게 된다. 그러므로 이때에는 어머니가 동심의 세계로 돌아가 정신없이 놀이에 열중하면 좋을 것이라고 생각한다. 그러면 언젠가는 아이도 그 놀이에 참여하게 될 것이다.

159

심장질환이 있는 다운증후군 아동인데 어린이집에서 운동과 놀이에서 주의해야 할 점은 무엇입니까?

무엇보다 **심장질환** 관리를 담당하고 있는 주치의의 지시를 최우선으로 받는다. 최근은 심장질환 아동의 운동을 제한하기보다는 오히려 적극적으로 신체를 움직이도록 권장하는 심장질환 전문의의 주장도 자주 나타나고 있다. 그러므로 이러한 아동의 경우 보육에 종사하는 사람이 아동의 움직이려는 의지를 읽으면서 운동의 강도를 조절해가는 것이 좋다고 생각한다. 즉, 운동량이 지나치면 심장의 고통을 스스로 인지하게 된다. 이러한 상황을 주변의 어른들이 곧 파악할 수 있게 된다면 그다지 무리하게 아동의 운동을 제한하지 않아도 된다고 본다.

때때로 아동이 자기 마음대로 운동을 하게 된다고 걱정하는 부모도 있겠지만, 그거야말로 쓸데없는 걱정이다. 또한 그러한 미심쩍은 마음으로 아동을 대하면, 아동이 고통을 바로 호소하지 않을 가능성도 있다. 심장의 통증을 느끼고 있는 아동이 그것을 농담으로 알고 있다고 생각하기 때문에 만일 그러한 예가 있다면 오히려 그만큼 여유가 생겼다는 것을 의미하므로 고무적인 일이라 생각된다.

아동이 조금 쉬고 싶다는 의사를 보일 때는 어른도 될 수 있는 한 함께 휴식을 취한다. 잠시 뒤 심장의 답답함이 사라지기 때문에 다시 운동을 할 수 있게 된다. 수영처럼 심장에 부담이 큰 경우는 얼굴색과 입술색을 주의 깊게 살펴서 아동이 알아차리기 전에 풀장에서 밖으로 나오도록 해 줄 필요가 있다. 단 튜브와 같은 보조기구를 사용해서 수면에 떠있도록만 하는 과보호는 지양되어야 할 것이다. 물론 체온저하에 대해서는 미리 생각해 두고, 만일의 경우 그에 대한 대처방법을 준비해 두는 것도 중요한다. 그러한 준비를 해두면 주치의로부터 응급처치의 지시가 있을 것으로 생각된다. 시연을 해둔다면 일반적으로 정신적인 부담이 가벼워지리라 생각된다.

유아교실 2세 반에 다운증후군 아동이 입급되어 왔습니다. 집단활동의 자극이 필요하다고 어머니로부터 들었는데, 보육교사로서 어떻게 하면 좋을까요? 160

전부 자연스럽게 받아들여 주는 것은 고마운 일이다. **집단활동**의 자극은 일반 아동과의 교류에서 받을 수 있는 정신적인 자극을 말한다. 또한 그것에 의해 다운증후군 아동이 주위의 아동들과 동료의식을 느끼고 그들이 하는 것을 당연한 일처럼 여겨 스스로 하려고 하는 것을 집단활동 효과라고 볼 수 있다. 또래에 대한 귀속의식이야말로 통합의 최대목표이다. 아동들은 다운증후군 아동을 어떻게 사회적 위치에 놓으면 좋을까 판단하기 위해 관찰하고 서로 간에 이야기하며 더욱 더 적절하게 생각할 수 있는 태도와 대응 방법을 결정하게 된다. 이러한 모습을 선생님이 관심을 가져 준다면 이상적이다. 심각한 일이 없는 한, 어른의 판단으로 개입이 필요한 장면은 아니라고 생각한다.

161 부모의 보육 방침이 너무 완고하여 교사의 주체성을 발휘할 수 없게 되는데 어떻게 대처해야 할까요?

아동을 맡아주는 어린이집에 대해 부모가 가능한 한 자신의 희망사항을 말해 두는 것은 당연한 것이라고 생각된다. 그러므로 전문가로서 부모의 요구사항을 검토하여 실현 가능한 것은 실현하도록 지원해 주는 것이 좋지 않을까 생각한다.

모든 점을 부모에게 양보하라는 것은 아니다. 상호 책임이 있다면 대화로 조정이 가능하다고 생각된다. 부모에게는 부모의 입장이 있고 선생님에게는 교사로서의 입장이 있기 때문에, 그것을 서로가 인정하는 기회를 갖는 것이 무엇보다도 중요하다. 부모들 중에는 자신과 같은 생각을 갖고 있지 않은 전문가를 비난하는 사람도 있지만, 그러한 것이 전문가와 다르다는 것을 입증하고 있는 것이다. 꼭 필요한 경우 교사로서의 역할을 당당하게 주장할 수 있어야 한다.

162 취학 유예에 대해서 어떻게 생각하는지요?

본래 교육적 관점에서 말하면, 학습자에게 가장 이해하기 쉬운 형태로 새로운 지식을 몸에 익히게 하는 것이 바람직한 일이다.

이러한 의미에서 아동의 발달 수준에 맞추어 교육을 해 주는 것이 당연하다고 생각한다. 다운증후군 아동은 지적 발달이 늦는 경향이 있고, 더욱이 아동마다 지체된 특성과 정도가 다르기 때문에 개별화 교육과정이 있으면 좋을 것이다.

취학 유예는 그러한 관점에서 검토되어야 한다. 그러나 취학 유예를 하지 않는 쪽의 가능성도 염두에 두지 않으면 안 된다. 즉, 다운증후군 아동의 취학 유예가 당연한 것으로 여기는 행동은 곤란하다고 생각한다.

실제로 취학 유예를 결정하는 사례도 늘어나고 있다. 그 경우 3세 때부터 이후의 취학 유예를 겨냥한 장기계획을 세워 한 살 아래의 교실에서 활동하는 경우가 점차 늘어나고 있는 것 같다. 결과적으로 좋은 효과를 가져 오기도 한다. 아마 취학 유예가 어떤 좋은 결과를 줄 것인지를 기대한 부모의 교육열이 이러한 현상을 낳게 했는지도 모른다.

그러나 지금까지 취학 유예라 하면, 체력도 기력도 거의 없는 심한 중증 장애아동이 통학이 어렵기 때문에 신청하는 사례가 많았다. 그렇지 않고 비교적 순조롭게 발달과 성장을 하고 있는 다운증후군 아동이 취학 유예를 신청하게 되면 학교 교육의 행정적 측면도 새로운 판단을 하게 된다. 또한 취학 유예 신청서류에는 의사의 진단서도 필요하다.

163 **초등학교 2학년 2학기가 되어 손가락 빨기가 무척 심해져서 조회에 혼자 갈 수 없게 되었습니다.**

일반 초등학교 2학년인데 손가락 빨기가 다시 생긴 다운증후군 아동이라면, 아마 일시적 **퇴행 현상**이라고 생각된다. 스스로 자신감이 없어지고 혼자만의 생각에 갇히는 심리 상태에 빠져 있는지도 모른다. 그러므로 사람 앞에 나서는 것을 매우 힘들어 할 수도 있다. 방치해 두면 내성적 성격이 강해질 것이다. 왜 자신감이 상실되었는지 추적해 볼 필요가 있다. 담임교사의 의견도 중요하다. 학교가 원인이라면 교사에게 심한 꾸중을 들었다든가, 학생들이 원인이라면 괴롭힘을 당했다든가 하는 해당 원인을 찾는다. 동시에 **갑상선 기능 이상** 증세가 잠재해 있는가의 여부에 대해서도 의료 기관에서 검사를 받는다. 체력이나 기력이 떨어졌을지도 모른다.

164 **10세의 다운증후군 여자아이입니다. 일반 학급에서 반 전체의 속도에 좀처럼 익숙해지지 않고 있습니다.**

분명히 그러한 면이 있을 것이다. 특히 일반 학급의 속도에 맞추게 된다면 다른 아동들의 활기찬 행동에 비해 다운증후군 학생의 어물어물한 느린 동작이 눈에 두드러질 것이다.

다운증후군 아동의 입장이 되어 보면, 빠르게 이해되지 않는 지시를 받고 어떻게 할까 갈등하고 있는 상태라고 생각한다. 주변 친구들의 움직임을 보고 저렇게 행동하면 되겠지 하고 판단을 하게 되는데, 일반 친구들도 학년이 높아지면 자기 멋대로 개성 있는 행동을 하기 때문에 다운증후군 아동이 그러한 면을 보게 되면 점점 곤란해진다.

특히 다운증후군 학생에게는 이해하기 쉽도록 지시하려는 교사의 노력이 요구된다. 이러한 노력은 통합 교육을 국가적 차원에서 실시하고 있는 미국에서는 법률과 제도에 의해 특수교육 연구단체로부터 지원을 받을 수 있기 때문에 담임교사가 큰 부담을 떠맡지 않아도 되지만, 우리나라에서는 이러한 제도가 없기 때문에 현재는 이상론으로 해두어야 한다. 이처럼 행동상에 융통성이 없다 보니 오히려 안 좋은 행동으로 비쳐지기도 한다. 그러므로 좋은 면을 신장시켜서 상황이 좋지 않은 면은 가능한 한 표출하지 않도록 환경을 고려하는 것도 중요하다고 생각한다.

중학교 특수학급에 다니는 남자 아이인데, 통학버스에서 일반 여학생의 스커트를 들추거나 몸을 만지려고 해서 걱정입니다. 여학생도 곤욕스러워 하고, 어떻게 대처를 하면 좋을까요? 165

사회적 행동의 규칙을 학습할 필요가 있다고 생각한다. 반복해서 장면 설정을 하여 그때 해도 되는 행동과 해서는 안 되는 행동을 알기 쉽게 가르쳐 주어야 한다. 학교의 교사와 상담해서 지속적인 교육을 하고 가능하면 그 여학생에게 그렇게 행동하지 않도록 주의를 준다. 만일 그러한 성적이상 행동을 계속하면 그 여학생을 만날 수 없게 된다고 분명하게 일러둔다. 좋아하는 여성에게 자기표현을 하고 있다는 것이지만, 사회적으로 지켜야 할 규칙이 있기 때문에 반드시 그 다운증후군

학생에게 전해 주어야 한다.

166 **연인처럼 느끼고 있는 특수학교 고등부의 남녀학생입니다. 대중이 있는 버스 안과 백화점에서도 키스를 하거나 연인이 하는 행위를 하는데 어떻게 제지를 하면 좋을지 고민스럽습니다.**

이 경우에는 사회적 행동의 규칙을 어떻게 몸에 익히게 할 것인가 하는 문제로 볼 수 있다. 이 연령대에서는 남녀관계의 기본적 에티켓을 아직 잘 모를 수 있으므로 이 학생들이 잘 따른다고 생각되는 사람이 충고를 하든가, 좋은 사회적 행동 규범을 가르칠 방법을 생각해야 한다. 경우에 따라서는 시뮬레이션 교육을 행한다. 예컨대 인형 등을 사용해서 같은 상황을 무대 위에 설정해 놓고, 그것에 본인들이 참여하는 형태로 하여 보다 사회적으로 적합한 행동을 하도록 유도한다.

찾아보기

<ㄷ>

<ㄹ>

<ㅁ>

<ㅂ>

<ㅅ>

<ㅇ>

<ㅈ>

<ㅊ>

<ㅋ>

<ㅌ>

<ㅍ>

<ㅎ>

<기타>

<부록>

다운증후군 아동의 치료 및 교육에 관한 정보

▩ 다운회(多運會) 소개

다운회는 다운증후군 자녀들을 위해 부모들이 만든 법인으로, 다운증후군에 대한 정확한 지식과 양육 정보가 거의 없는 어려움을 해결하고자 1988년에 다운증후군 부모회를 만들고, 1993년 이후 다운센터를 운영하기 시작, 1994년 사회복지법인 다운회를 설립하여 오늘에 이르고 있다.

다운회는 장애당사자인 본인과 가족이 중심이 되어 적극적이고 모범적으로 장애인 복지를 위하여 노력하는 사회복지의 새로운 모델을 제시해 왔으며, 다운증후군 본인은 물론 부모와 형제 등 다운가족 모두의 건강한 삶과 장애인과 비장애인이 자연스럽게 어울려 사는 세상을 소망한다.

다운회는 다운증후군에 관한 전문적인 종합복지관인 「다운복지관」(서울 노원구 공릉동 소재)을 2003년 7월에 개관하여 운영하고 있으며, 현재 각 지역의 다운 가족들의 모임을 활성화하기 위해 34개 지부를 두고 있다.

▩ 다운회의 주요 사업

1) **상담** : 다운가족(peer counseling)에 의한 육아, 교육, 사회통합 및 재활상담
2) **교육재활** : 영유아교육, 물리치료, 다운증후군 부모교육
3) **직업재활** : 보호작업장 운영, 취업지원, 사회적응훈련
4) **다운증후군을 바르게 알리기 위한 홍보** : 인터넷, 회보 〈다운〉, 건강수첩 발간
5) **자원조직 및 개발** : 전국 다운가족 모임 지원, 자원봉사자 교육
6) **국내외 관련단체와의 교류**
7) **위원회 활동** : 운영, 상담, 출판 편집, 인터넷, 연구, 자문의사, 후원회 등
8) **다운복지관 운영** : 다운주간보호센터, 공동생활가정(다운인의집, 아름다운집, 이수경하우스, 다복스위트홈, 작업활동센터(아름다운))
9) **기타, 법인의 목적에 부합하는 사업**

▩ 다운회 연락처

☞ **주소** : 서울특별시 노원구 공릉동 656-3 / 우편번호 : 139-808
☞ **연락처** : (Tel) 02-3296-2114, (Fax) 02-3296-2113
☞ **홈페이지** : www.down.or.kr
☞ **교통편** : 서울 지하철 6, 7호선 태릉입구역 / 7번 출구에서 도보 5분

✸ 현재 전국의 다운 가족들이 운영하는 홈페이지는 40여 곳이 있으며, 특히 전국다운어린이부모모임(cafe.daum.net/downsyndrome)이라는 다음카페가 운영되고 있습니다.

◘ 저자 소개

이이누마 가즈소오(飯沼和三)

1970년 동경대학교 의학부 졸업
국립유전학연구소 연구원
시즈오까현립아동병원 유전염색체과장
국립소아의료연구센터 기형연구실장
현재, 아이사랑(愛兒) 클리닉 원장

[주요저서]
선천 이상을 이해하다 (共著, 日本評論社, 1991)
다운증은 병이 아니다 (大月書店, 1996)

역자 소개

김용한

대구대학교 및 동대학원 특수교육학과 졸업(문학석사)
일본 문부성 초청 교원연수 유학(쯔꾸바 대학)
강남대학교 실천신학대학원 복지선교학과 졸업
대구보명학교·한국선진학교 교사 근무
현재, 밀알학교 교감, 다운복지관 운영위원

♣ 주요 저서

출생 전부터의 교육 (공역, 도서출판 특수교육, 1991)
다운증후군아동의 조기교육프로그램 (편역, 도서출판 특수교육, 1994)
중증발달지체아동의 신변자립지도 프로그램 (도서출판 재활공학, 1995)
숨은 천사 (역서, 크리스챤서적, 2002)

강미라

대구대학교 대학원 정신지체아교육 전공(문학박사)
일본 히로시마대학 외국인객원연구원
공주대학교 특수교육연구소 전임연구교수
영동대학교 초등특수교육과 전임강사
현재, 한국아동발달교육연구소 소장

♣ 주요 저서

성공적인 유치원 전환 (공역, 도서출판 특수교육, 2004)
완전통합교육의 실천 (공역, 양서원, 2004)
유아특수교육의 이해 (공역, 박학사, 2009)

다운증후군! 무엇이든 물어보세요

다운증후군 아동의 치료교육 상담

인 쇄 일　2009년 12월 5일 초판 1쇄 인쇄
발 행 일　2009년 12월 10일 초판 1쇄 발행
저　　자　이이누마 가즈소오(飯沼和三)
역　　자　김용한·강미라
발 행 인　구본하
발 행 처　도서출판 박학사
주　　소　서울시 마포구 서교동 460-26 동아빌딩 2층
전　　화　(02)3142-3764~5
팩　　스　(02)3142-3766
웹사이트　www.pakhaksa.co.kr
등록번호　제10-2230호

정가 12,000원　ISBN 978-89-91633-70-4